能效经理

服务手册

空压系统节能 / 建筑节能 / 工业余能利用

国网宁波供电公司 编

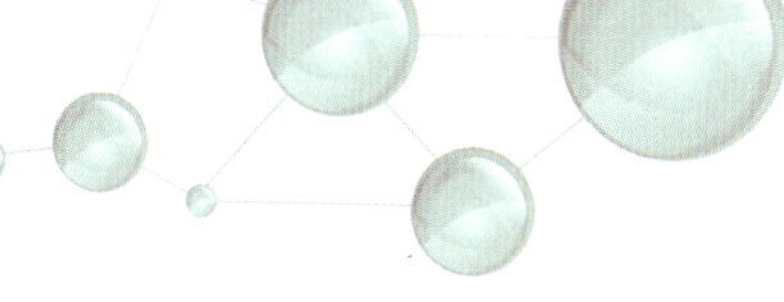

中国电力出版社
CHINA ELECTRIC POWER PRESS

图书在版编目（CIP）数据

能效经理服务手册 / 国网宁波供电公司编. —北京：中国电力出版社，2023.5
ISBN 978-7-5198-7399-8

Ⅰ.①能… Ⅱ.①国… Ⅲ.①电力工业－工业企业管理－营销服务－宁波－手册
Ⅳ.①F426.61-62

中国版本图书馆CIP数据核字（2022）第247260号

出版发行：中国电力出版社
地　　址：北京市东城区北京站西街19号
（邮政编码100005）
网　　址：http://www.cepp.sgcc.com.cn
责任编辑：杨敏群　朱安琪
责任校对：黄　蓓　常燕昆
装帧设计：赵珊珊
责任印制：钱兴根

印　　刷：北京九天鸿程印刷有限责任公司
版　　次：2023年5月第一版
印　　次：2023年5月北京第一次印刷
开　　本：889毫米×1194毫米　48开本
印　　张：3.75
字　　数：76千字
定　　价：40.00元

编写组

组　长： 仇　钧

副组长： 李　磊　徐　杰　胡　海

成　员： 杨建立　毛倩倩　孙冉冉　韩鑫泽　吴熠熠　卓璐珊　岑梦哲
张永涛　何启迪　王迎卜　王含瑜　周　斌　许　巍　沈华胄
杨　佳　黄琰波　缪俊杰　许　达　张　力　叶佳青　王蒋静
赵婉芳　严若婧　张秋慧　徐泽龙　鲍涛榕　章梦妮　凌焌烨
卢姗姗　冯静仕　叶木生　范人杰　李军谋　张　也　曾　涛
王海玲　倪云珂　朱炳辉

前言

FOREWORD

随着“双碳”战略目标的提出，各能源企业加快转型步伐。国家电网有限公司把构建新型电力系统、助力“双碳”目标作为重大战略任务，明确了建设“供电+能效服务”业务体系，支撑国家能源战略，服务地方经济社会发展，不断提升企业在市场中的竞争力。

能效服务以供电服务为基础，以电为中心，聚焦客户用能优化，为客户提供用电分析、能效诊断等服务，提升社会能效水平、优化终端用能结构。电网转型压力和业务体系变化对一线客户经理的业务能力提出了更高要求，为充分发挥电网公司优势、积极开展综合能效服务业务，国网浙江省电力有限公司宁波供电公司通过总结梳理综合能效服务的经验做法，编制形成《能效经理服务手册》。

本书围绕基础知识、工业空压系统改造、工业余能利用、建筑节能和服务提升等内容，通过图文并茂的方式呈现各类业务实操技巧和典型案例，为一线客户经理在综合能效服务方面的培训提供指引和保障，提升服务能力。

由于时间仓促、资料有限，本书疏漏之处在所难免，恳请广大读者批评指正。

编者

2022年12月

目录
CONTENTS

第二篇 工业空压系统改造篇

第三篇 工业余能利用篇

第四篇　建筑节能篇

第五篇　服务提升篇

第一篇 基础知识篇

基础知识篇以客户经理日常工作中所需要掌握的基础知识为主要内容，旨在帮助客户经理了解能效服务业务、明确客户经理在能效服务中的工作角色。

本篇分为能效服务业务简介、宁波市综合能效服务特色和服务流程三部分，介绍了能效服务定义、政策、商业模式、用户分类等基础知识，为一线客户经理提供参考。

一、能效服务业务简介

（一）基础知识讲解

>> 能效服务的定义

能效服务是指以供电服务为基础，以电为中心，聚焦客户用能优化，通过电能替代推进终端用能电气化，开展综合能源服务，提升全社会能效水平，实施需求响应实现源网荷储友好协同互动，具有经济高效、资源综合利用、提高电网供电能力等特征的能源服务，具体分为能效公共服务和能效市场化服务。能效公共服务包括能效咨询、能效诊断、电能质量评估、设备安全评价等具体服务，能效市场化服务包括综合能源服务、电能替代服务、需求响应服务等具体服务（见表1–1）。

表 1-1　　能效服务业务分类

能效服务分类	内涵	具体业务
公共服务	依托客户经理通过线下现场服务和线上精准推送等方式开展，通过挖掘客户深层次用能需求，引导客户按需选择能效市场服务	• 能效咨询 • 能效诊断 • 电能质量评估 • 设备安全评价 ……
市场化服务	依托市场化单位展开，通过市场化手段，为客户提供规划设计、工程实施、系统集成、运营维护等服务	• 综合能源服务 • 电能替代 • 需求响应 ……

>> 开展能效服务的意义

落实国家能源革命要求，提高全社会能效水平，助力国家实现碳排减目标；降低客户用能成本，推动终端高效用能，促进社会经济高质量发展；聚集社会能效服务资源，建设产业平台生态，带动相关产业发展；促进公司综合能源服务等战略新兴业务质量提升，推动公司可持续发展。

>> 能效服务相关政策解读

立足国家“双碳”目标实现和国家经济社会绿色低碳发展，聚焦能源系统形态和发展模式深刻变革，着眼日益凸显的终端用能环节价值，国家电网有限公司推动供电服务向“供电+能效服务”延伸拓展，面向全社会提供能效公共服务和能效市场化服务，对持续提升全社会能效水平具有重大意义（见表1-2）。“十四五”时期，我国将开启全面建设社会主义现代化国家新征程，“供电+能效服务”应准确把握新形势、新任务、新要求，坚持系统观念，坚持统筹发展，实现更快更好发展。

表1-2　能效服务政策一览表

层面	政策	重点任务
国家电网有限公司	《国家电网有限公司关于新形势下加快推进综合能源服务高质量发展的意见》（2021.4.19）	加速能效公共服务体系向综合能源服务的引流。巩固市场营销网络优势，充分利用“网上国网”“绿色国网”、省级智慧能源服务平台等线上渠道，开展客户能效诊断分析，形成综合能源服务潜力项目库，做好业务引流

续表

层面	政策	重点任务
国家电网有限公司	《国家电网有限公司关于新形势下全面推进节能提效工作的意见》（2021.12.7）	以党中央、国务院关于“碳达峰、碳中和”的工作要求为根本遵循，贯彻公司“双碳”行动工作部署，立足公司“ 体四翼”发展布局，牢固树立节能优先理念，依托“供电+能效服务”模式，以信息化平台为支撑，以机制建设为保障，整合公司内外部力量，深度开展自身节能提效，大力发展能效公共服务和市场化服务，促进社会能效提升，助力电力安全可靠供应，服务“碳达峰、碳中和”目标如期实现
	《国家电网有限公司关于贯彻新发展理念促进能源电力消费侧“碳达峰、碳中和”2022年工作安排的通知》（2022.2.7）	节能提效深化目标：高压客户电能能效账单现场解读率超过5%，综合能效诊断报告高压客户覆盖率超过10%；完成国家发展改革委“两个千分之三”节约电力电量考核要求；综合能源服务重点业务领域营收占比达70%以上。 深化能效公共服务：深化能效公共服务与供电服务融合；聚焦重点行业能效诊断；提升能效服务专业水平；推动开展电能能效账单推广解读工作开展

续表

层面	政策	重点任务
国网浙江省电力有限公司	《国网浙江省电力有限公司关于印发全面实施“供电+能效服务”三年行动计划的通知》(2021.3.12)	落实国家电网有限公司关于能效服务工作的部署，按照国网浙江省电力有限公司（以下简称国网浙江电力）“能源互联网形态下的多元融合高弹性电网建设”总体要求，通过构建政企合作机制、普及公共能效服务、拓展市场化服务、夯实技术支撑体系等举措，推动业务由“供电服务”向“供电+能效服务”延伸，显著提升全社会能效水平
	《国网浙江省电力有限公司关于印发“碳达峰、碳中和”实施方案的通知》(2021.12.31)	以“碳达峰”目标与“碳中和”愿景为主旨，坚持系统思维，统筹安全与发展、速度与质量、成本与效益，立足能源系统全局，探索电力低碳发展路线图，当好能源清洁低碳转型发展的“引领者”、全省企业碳减排的“示范者”、全社会绿色低碳生产生活的“推动者”，为实现“双碳”目标贡献电网力量

续表

层面	政策	重点任务
国网浙江省电力有限公司	《国网浙江省电力有限公司关于印发构建以新能源为主体的新型电力系统省级示范区建设方案的通知》（2021.12.31）	全面纵深推进能效提升，促低碳转型。聚焦工业、建筑、交通等领域，推动“能效提升吃干榨尽”
	《国网浙江省电力有限公司关于高质量推进“供电+能效服务”三年行动计划的通知》（2022.5.23）	进行用电分析、能效诊断等能效服务，提升社会能效水平

（二）能效服务业务全景图

按照宁波行业特色及重点工作，将综合能效服务分为工业企业空压系统节能改造、化工园区余能回收利用、建筑节能三大类（见图1-1）。

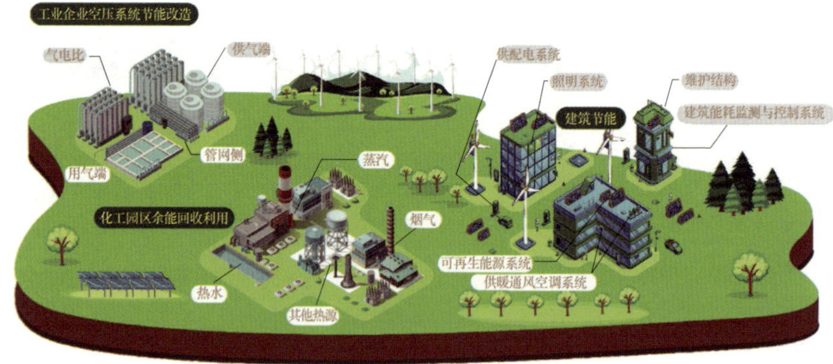

图 1-1　能效服务业务全景图

（三）能效服务常见商业模式

当前，商业模式主要围绕“**投资、运行、运营**”三方面，将管理对象分为“单纯投资”“投资+运行”“投资+运行+运营”三类。

“单纯投资”主要通过低成本资金和良好的项目筛选，获得长期投资收益；**“投资+运行”**是以投资为核心，其目标依然为获取投资收益，且存在投资回报

率，但是以项目模式操作的，有严格的项目截止时间，到期需要资产移交；而**“投资+运行+运营”**的最大不同在于运营本身不是项目，没有严格的截止时间，所以无法按照项目投资的方式去估算投资回报率，而是在服务全生命周期内去持续获得运营收入，这时候的投资其实不是投资，是一个设备成本和运营成本的持续投入。

按照“投资、运行、运营”三方面来划分，可以将商业模式按照九宫格方式（见图1-2）进行拆解，以空调系统的能效提升改造为例，纵轴是管理对象，横轴是一次设备系统，二次自动控制系统、三次信息化和大数据系统。

随着我国经济高质量发展、能源转型加速、“双碳”概念提出，能源电力绿色低碳发展势在必行，能效服务需求增大，产业发展前景广阔。对企业而言，选择合适的商业模式，降低成本支出，提高项目**收益率**至关重要。

	一次系统	二次系统	三次系统
运营	·空调系统的能源费用托管+节能改造	·空调系统的能源费用托管+节能改造+控制系统	·空调系统的能源费用托管+节能改造+控制系统+行为节能+大数据分析+产业协调
运行	·空调系统的维护	·空调系统+空调控制系统维护	·空调系统+空调控制系统维护+能耗系统维护
投资	·变频空调	·变频空调+空调控制系统	·变频空调+空调控制系统+空调能耗监测

图 1-2　商业模式概要图

节能收益分享型

· **投资：** 节能服务公司提供资金和全过程服务，通过客户的参与与协助，共同对项目进行贯彻执行。

· **收益：** 合同期间，节能服务公司与客户按照约定的比例分享收益；在合约到期后，项目利润与所有权由客户持有。

能源费用托管型

· **投资**：客户委托节能服务公司出资进行能源系统的节能改造和运行管理。

· **收益**：按照双方约定，将能源系统的能源费用交节能服务公司管理，系统节约的能源费用归节能公司；项目合约到期后，由节能服务公司将技术装备无条件交付于客户，自此之后所形成的一系列节能利润都为客户所有。

节能量保证型

· **投资**：节能服务公司向客户提供节能服务并承诺保证项目节能量。节能服务公司与客户协商由其中一方或双方共同出资，综合能源服务公司提供全过程服务并保证项目节能效果。项目实施完毕，经双方确认达到承诺的节能量，客户一次性或分次向节能服务公司支付节能服务费。如果达不到承诺的节能量，差额部分由节能服务公司承担相应的费用。

· **收益**：若节能量远超许诺规模，那么节能服务公司应当和客户依据协商比重，对一些超出承诺的节能利润进行共享。在项目合约期满后，设施要无条件地交付于客户使用，自此之后形成的所有节能利润应当为客户所有。

除此之外，客户也可以通过融资企业向节能服务公司进行节能设施和服务的租赁。由于实际情况的复杂性，有时公司会运用多种类型合同组合形成特定商业模式满足客户需求。

二、宁波市综合能效服务特色

（一）宁波行业地域特色分布

宁波辖海曙、江北、镇海、北仑、鄞州、奉化6个区，宁海、象山2个县，慈溪、余姚2个县级市及前湾新区。宁波深耕新兴和高精尖产业，在各个产业区形成各自特色的产业集群，产业聚集效应明显，已形成“246”万千亿级产业集群和新型基础设施建设规划（见图1–3）。

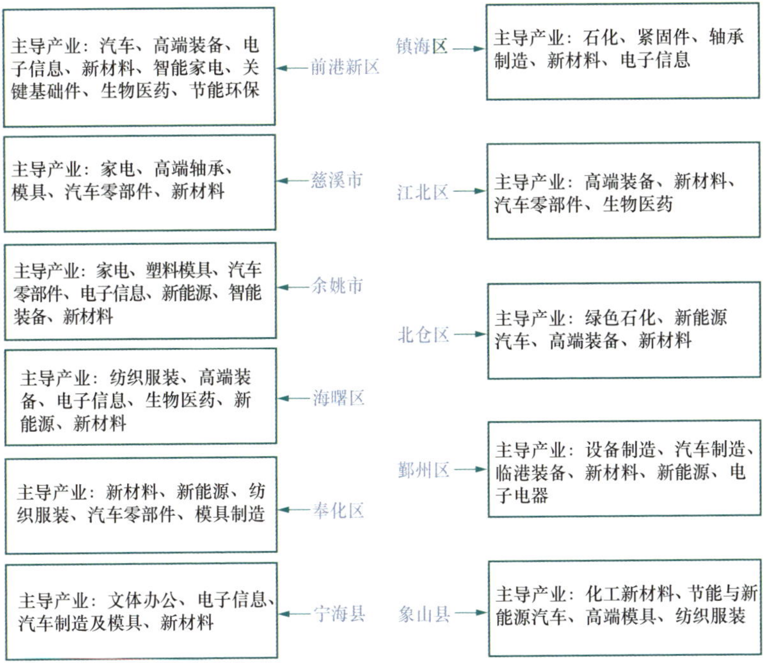

前港新区	主导产业：汽车、高端装备、电子信息、新材料、智能家电、关键基础件、生物医药、节能环保
慈溪市	主导产业：家电、高端轴承、模具、汽车零部件、新材料
余姚市	主导产业：家电、塑料模具、汽车零部件、电子信息、新能源、智能装备、新材料
海曙区	主导产业：纺织服装、高端装备、电子信息、生物医药、新能源、新材料
奉化区	主导产业：新材料、新能源、纺织服装、汽车零部件、模具制造
宁海县	主导产业：文体办公、电子信息、汽车制造及模具、新材料
镇海区	主导产业：石化、紧固件、轴承制造、新材料、电子信息
江北区	主导产业：高端装备、新材料、汽车零部件、生物医药
北仑区	主导产业：绿色石化、新能源汽车、高端装备、新材料
鄞州区	主导产业：设备制造、汽车制造、临港装备、新材料、新能源、电子电器
象山县	主导产业：化工新材料、节能与新能源汽车、高端模具、纺织服装

图 1-3　宁波地区行业分布

（二）宁波地区综合能效服务用户分类

综合能效服务能够为客户提供更具个性化、智慧化的能效服务，降低客户的用能成本。根据宁波产业特色及重点领域，将宁波地区综合能效服务用户集中在工业（园区）、商业（园区）和公共事业单位，其在空压系统、余能利用和建筑节能上都各自具有一定的节能潜力（见表1–3）。

表1–3　能效服务用户分类

行业类别	行业	空压系统	余能利用	建筑节能
工业（园区）	石化	√	√	
	汽车	√	较少	
	纺织制衣	√	√	
	食品	√	较少	
	家具	√	较少	
	通用制造	√	较少	
	金属制造（冶炼）	√	√	

续表

行业类别	行业	空压系统	余能利用	建筑节能
工业（园区）	一次金属	√	√	
	纸浆和造纸	√	√	
	橡胶和塑料	√	√	
	矿石、粘土和玻璃	√	√	
商业（园区）	商业综合体			√
	小微园区（工业）			√
公共事业	医院			√
	学校			√
	公共机构			√

（三）宁波能效政策

在推动实现“双碳”目标的大背景下，企业对清洁能源利用、能效水平提升的积极性与日俱增。宁波市作为浙江省第一大工业城市，出台了一系列具有宁波特色的能效政策（见表1–4）。

表1-4　　宁波能效政策一览表

时间	政策	重点内容
2016	《"中国制造2025"宁波行动纲要》	以智能经济作为制造业发展的主攻方向，重点发展高端装备、新材料和新一代信息技术为代表的三大战略产业，做强做优以汽车制造、绿色石化、时尚纺织服装、家用电器、清洁能源为代表的五大优势产业，积极培育以生物医药、海洋高技术、节能环保为代表的一批新兴产业和以工业创新设计、科技服务、检验检测为代表的一批生产性服务业，努力打造形成"3511"新型产业体系
2017.12	《宁波市"十三五"节能减排综合工作方案》	以提高资源能源利用效率和改善生态环境质量为目标，以推进供给侧结构性改革和实施创新驱动发展战略为动力，坚持政府主导、企业主体、市场驱动、社会参与，加快建设资源节约型、环境友好型社会，确保完成"十三五"节能减排约束性目标，保障人民群众健康和经济社会可持续发展，推进"中国制造2025"试点示范城市建设，实现经济发展与环境改善双赢，为推动"名城名都"建设、实现高水平全面建成小康社会奋斗目标提供坚强保障

续表

时间	政策	重点内容
2017	《宁波市绿色制造工程三年攻坚行动计划（2017—2019）》	通过大力实施工业能效提升行动、能源结构绿色化改造、水资源利用高效化改造、生产过程清洁化改造、开展“低小散”整治行动、大力发展工业循环经济、开展绿色制造体系试点示范、加速培育绿色产业等八大专项行动，至2019年，实现全市单位工业增加值能耗下降15%、单位工业增加值用水量下降18%、一般工业固废综合利用率达到98%以上、单位工业增加值主要污染物排放量下降15%，为绿色制造体系建设提供了强有力的政策支撑
2018	《宁波市规上工业企业“能效倍增”三年行动计划》（2018—2020）	充分动员全市各级政府、有关部门及用能企业参与到“能效倍增”行动中来，至2020年，通过全面专业细致的能效诊断，积极鼓励企业开展技术节能、管理节能和淘汰落后工作，有效提高企业能效水平，确保完成全市“十三五”能源“双控”目标任务
2019.7	《宁波市民用建筑能效提升三年行动计划》	重点开展新建绿色建筑能效测评行动、家庭屋顶光伏试点行动、建筑能源执法监察行动、既有建筑能效提升行动、绿色建材生产和应用行动

续表

时间	政策	重点内容
2022	《国网宁波供电公司关于高质量推进“供电+能效服务”三年行动计划的通知》	落实网省公司关于“双碳”目标、能耗“双控”等工作的部署，牢固树立“能效是第一能源”“节约的能源是最清洁的能源”的理念，充分发挥公司体制机制优势，深化“供电+能效服务”，引领全社会从“减能”向“节能”、从“控能”向“控碳”、从“降费”向“降量”公转变，服务全社会能效水平显著提升

三、服务流程

综合能效服务业务流程主要分为对接客户、客户收资、现场诊断、编制报告、出具报告、提交客户及节能改造七个环节（见图1-4）。

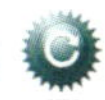

客户确定对接人
客户配合完成现场能效诊断
对接客户
客户收资
现场诊断
编制报告
出具报告
提交客户
节能改造
客户根据收资表内容进行反馈，包括：用能、能源管理、设备、生产等数据
客户配合提供补充数据资料

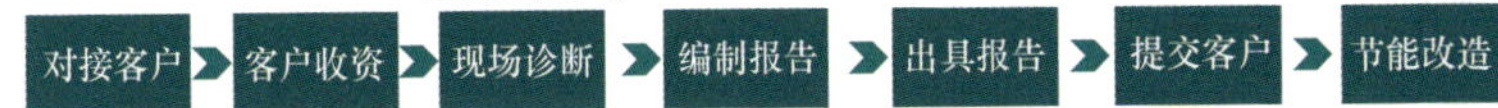

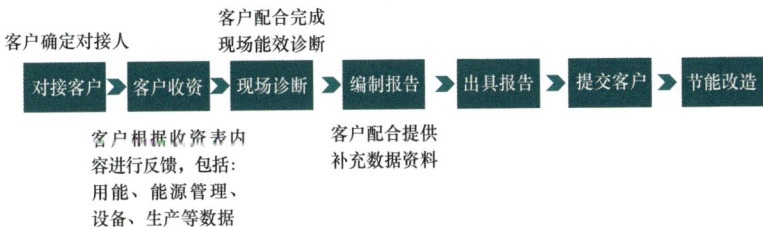

图 1-4　综合能效服务业务流程

第二篇　工业空压系统改造篇

本篇以工业领域空压系统改造为主要内容，介绍了空压系统改造的相关基础知识、服务方案和典型案例，旨在帮助一线客户经理了解空压系统节能改造的原理，提升日常工作的实操能力。

一、基础知识

（一）空压系统构成

空气具有可压缩性，经空气压缩机做机械功使本身体积缩小、压力提高后的空气叫压缩空气。压缩空气是仅次于电力的第二大动力能源，又是具有多种用途的工艺气源。

空气压缩系统（以下简称空压系统）是工业企业非常常见的动能设备，可分为供应侧、输送网和用气端三个部分，其系统构成如图2-1所示。

图2-1　空压系统构成示意

气源设备（空气压缩机）吸入大气，将自然状态下的空气压缩成为具有较高压力的压缩空气，经过净化设备除去压缩空气中的水分、油分和其他杂质等，最后经过传输管道送至气动执行元件或其他末端用气设备，空压系统原理简化框架图如图2-2所示。

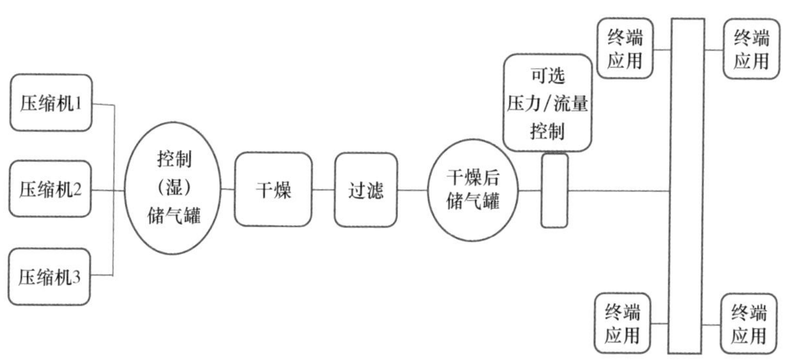

图2-2　空压系统原理简化框架图

（二）空压系统主要设备及能效空间效益

1. 供应侧

空压系统供应侧就是工业企业中空压站的概念，主要由空气压缩机、干燥机、过滤器、储气罐和热回收装置等组成。

（1）空气压缩机。

空气压缩机是一种用于压缩气体的设备，简称空压机。空压机可以提供气源动力，是气动系统的核心设备，是将原动（通常是电动机或柴油机）的机械能转换成气体压力能的装置，是压缩空气的气压发生装置。空压系统在工业领域应用广泛（见表2–1）。

表2–1　　工业领域压缩空气应用

工业应用	应用案例
纺织	搅拌液体、夹紧、输送、自动化设备、控制和执行机构、喷气织机、纺纱、变形

续表

工业应用	应用案例
制衣	输送、夹紧、工具驱动、控制和执行、自动化设备
汽车	工具动力、冲压、控制、成型、输送
石化	过程气体压缩、输送、控制和执行
食品	脱水、装瓶、控制和执行机构、输送、喷涂涂层、清洁、真空包装
家具	空气活塞动力、工具驱动、夹紧、喷涂、控制
通用制造	夹紧、冲压、工具驱动和清洗、控制
金属制造	装配站动力、工具动力、控制和执行机构、注射成型、喷涂
一次金属	真空熔炼、控制和执行、提升
纸浆和造纸	输送、控制
橡胶和塑料	工具冲力、夹紧、控制和执行机构、成型、模压、注射成型
矿石、粘土和玻璃	输送、混合、控制和执行机构、玻璃吹塑、冷却

1）分类。

a.按工作原理分类。空压机从压缩工作原理上可以分为容积式空压机和动力式（速度式）空压机。详细分类如图2–3所示。

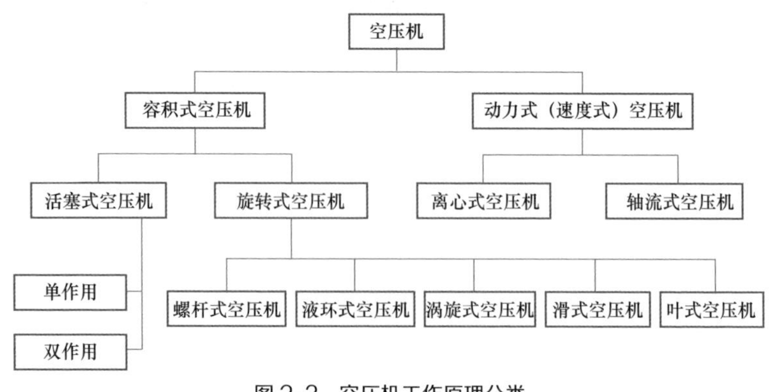

图 2–3　空压机工作原理分类

>> 容积式空压机。

工作原理：依靠改变气体容积来提高气体压力。

运行过程：空气被吸入压缩腔后，腔体与进气口分隔，成为封闭容积。当容积缩小，空气被压缩，压力达到与排气管处的压力相同时，气阀打开，空气

排出。

容积式空压机又分为活塞式空压机和旋转式空压机，螺杆式空压机属于旋转式空压机中常用的一类。在工业领域中，**活塞式空压机**和**螺杆式空压机**应用比较广泛，其典型设备示例如图2–4、图2–5所示。

图2–4　活塞式空压机

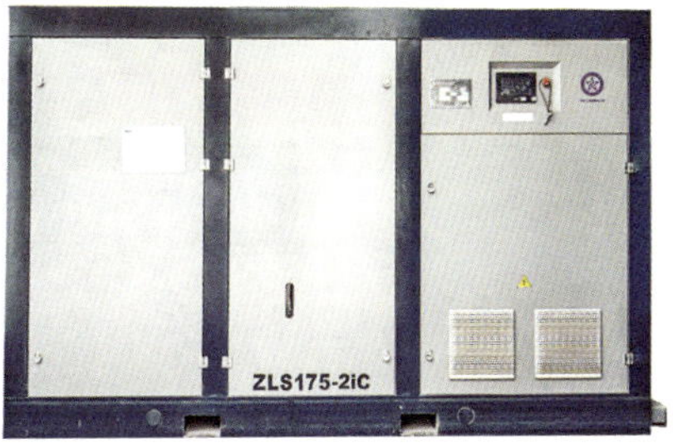

图2–5　螺杆式空压机

>> 动力式（速度式）空压机。

工作原理：依靠高速旋转的叶片使通过它的气体加速，从而将速度能转化为压力。

运行过程：空气被吸入高速旋转的压缩叶轮中，并不断加速，当速度达到一定程度时，气体会通过扩压器排出，气体的动能转变为压力。

动力式空压机有轴向式与离心式两种类型。在工业领域中，**离心式空压机**应用较为广泛，适用于容量大、负荷稳定的空压系统。典型的离心式空压机示例如图2-6所示。

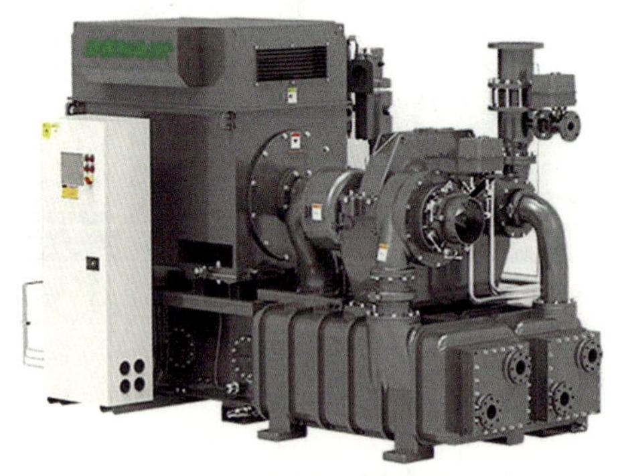

图2-6　离心式空压机

b.按压力等级分类：排气压力≤1.3MPa为低压空压机；排气压力1.3～4.0MPa为中压空压机；排气压力4.0～40MPa为高压空压机。

c.按压缩级数分类：可分为单级空压机、两级空压机和多级空压机。

d.按冷却方式分类：可分为风冷式空压机和液冷（水冷）式空压机。

2）选型。

工业领域应用比较广泛的三类空压机为**活塞式空压机**、**螺杆式空压机**和**离心式空压机**，它们的特性比较如表2-2所示。

表2-2　　常见空压机类型的特性比较

特性项	活塞式空压机	螺杆式空压机	离心式空压机
满载时效率	低	中	高
部分负载时效率	因分级而高	低：低于60%的满载负荷时差	低：低于60%的满载负荷时差

续表

特性项	活塞式空压机	螺杆式空压机	离心式空压机
空载效率（功率占满载的百分比）	10%~15%	25%~60%	20%~30%
噪声水平	嘈杂	封闭则安静	安静
尺寸	大	紧凑	紧凑
震动	强烈	几乎无	几乎无
维护	磨损部件多	非常少的易损件	对空气中的灰尘敏感
容量	低-高	低-高	中-高
压力	中-非常高	中-高	中-高
成本	低	高	高

3）重要参数。

空压机设备的重要参数项如表2-3所示，具体参数一般在机组的铭牌上标明，其示例如图2-7所示。

表2-3　　空压机重要参数

序号	参数	参数定义解释	单位	数据来源
1	额定排气压力	机组额定工况下的空压机出口压力	MPa、Bar	设备铭牌
2	额定容积流量	机组额定工况下的空压机供气流量	m^3/min、m^3/h	设备铭牌
3	额定功率	额定工况下的空压机完成压缩空气输出所需总的收入功率	kW、Hp	设备铭牌
4	比功率	额定工况下空压机组的输入功率与机组容积流量的比值	kW/（m^3/min）	设备铭牌/计算
5	能效等级	空压机的能效等级分为三级，其中一级能效最高	—	能效标识/根据机组型号查

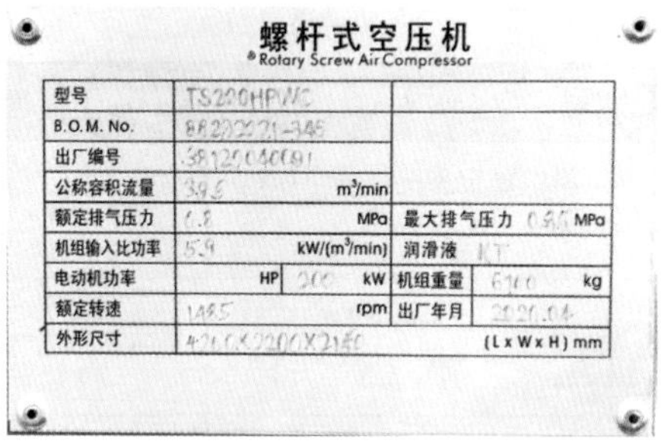

图 2-7　空压机铭牌示例

4）能效空间及效益。

空压机是整个空压系统的核心设备，约占整个系统能耗的90%以上。空压机的设备能效水平基本决定了整个空压系统的能效。

空压机设备可分为三个能效等级：一级能效，产品达到国际先进水平，最节电，耗能最低；二级能效，比较节电；三级能效，我国市场的平均能效。根据经验，一级能效空压机比三级能效空压机节能15%左右，一级能效空压机比二级能效空压机节能5%左右。能效标识示例如图2-8所示。

（2）干燥机。

1）作用。

干燥机是空压站中空压机的后处理设备之一，主要功能为净化、干燥压缩空气。压缩空气离开后冷却器和气水分离器时通常为饱和的。当它通过输送管道时，会进一步辐射冷却，在压缩空气中形成有害的凝结水，进而腐蚀和污染用气设备。通过适当使用干燥机可以避免这个问题。

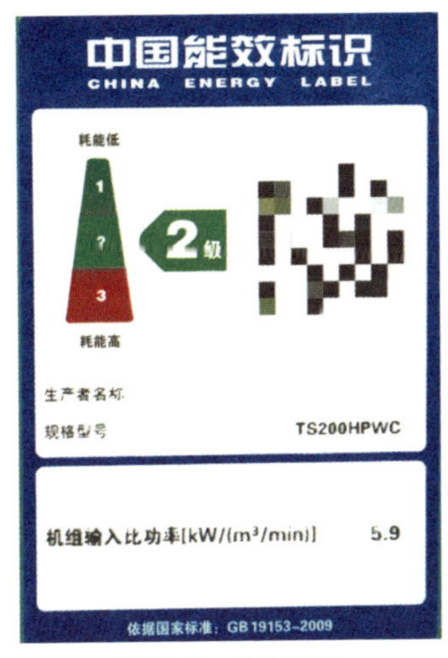

图 2-8　能效标识

2）选型。

干燥机可分为吸附式干燥机、冷冻式干燥机、吸收式干燥机和膜干燥机，它们的性能对比如表2-4所示。干燥机的选型应从运行能耗、除水效率、采购成本、维护成本等综合考虑。

表2-4 主要干燥机类型特性对比

项 目	吸附式干燥机		冷冻式干燥机	吸收式干燥机	膜干燥机
	加热再生	无热再生			
空气处理量（Nm^3/min）	<100		0.3~400	0.03~400	<6
零气耗	√				
机体尺寸	大	较大	中	较小	小
结构及工作特点	双塔，长周期循环、再生能源为外热和压缩空气	双塔，短周期循环、需消耗压缩空气	制冷循环，空气热交换器，自动排水	单塔，无动力机构，定期排放和添加吸收材料	小规模，无动力机构
工作原理	变温吸附	变压吸附	冷凝结露	吸湿潮解	渗透膜分离
出口露点（℃）（0.7MPa）	−20 ~ −40	−40 ~ −70	2~10	比进口温度低12℃	5~15
露点稳定性	逐渐升高	好	好	逐渐升高	好
运行能耗	大	较大	小	无	无
对进气的质量要求	油：<0.1ppm 无液态水		无特殊要求	无特殊要求	除油、除液态水、除尘

续表

项 目	吸附式干燥机		冷冻式干燥机	吸收式干燥机	膜干燥机
	加热再生	无热再生			
后置过滤器	需装后置粉尘过滤器		按工艺要求配置	不需要	不需要
压力降	<0.015MPa		<0.025MPa	小于进气压力的1%	小
负荷性能	低压下露点升高	低压下再生气耗增大，露点升高	低压下露点升高	基本不受压力影响	基本不受压力影响
日常维护	2~3年更换吸附剂		定期检查排水器	定时排放吸收剂溶液	不需要
环境排放物	湿空气	湿空气	油水混合凝结液	有腐蚀性的吸收剂溶液	湿空气
初成本	高	较高	较高	低	较高
运行成本	高	较高	较低	低	高

吸附式干燥机和冷冻式干燥机示例如图2-9、图2-10所示。

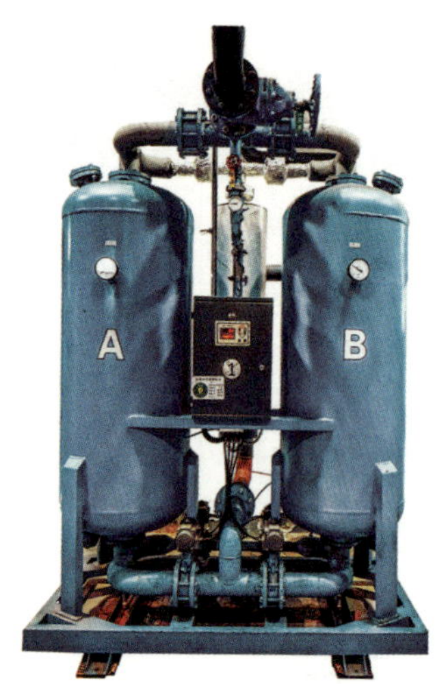

图 2-9 吸附式干燥机

图 2-10 冷冻式干燥机

零气耗吸附式干燥机（见图2-11），其基本原理与传统变温吸附工艺类似，特点是在吸附过程中不产生压缩空气损耗。目前零气耗吸附式干燥机主要分两类，鼓风热吸附式干燥机和余热吸附式（压缩热吸附式）干燥机。

图 2-11　零气耗吸附式干燥机

余热吸附式干燥机利用空压机余热再生，不需要鼓风机和加热器参与再生流程，既避免了加热器及鼓风机带来功耗，又降低了因其产生的设备故障率。余热吸附式干燥机示例如图2-12所示。

图 2-12　余热吸附式干燥机

3）能效空间及效益。

零气耗吸附式干燥机作为近几年节能改造的首选设备，对比微热再生吸附式干燥机和无热再生吸附式干燥机，节能效果明显，**平均节能率为10%以上**，基本没有压缩空气的损耗。

（3）过滤器。

1）作用。

过滤器的作用是通过多孔过滤材料将压缩空气中的液态水、液态油滴分离出来，滤去空气中的灰尘和固体杂质，但不能除去气态的水和油。

2）选型。

空压系统根据空气纯度的要求，选用不同类型的过滤器，包括用于去除固体颗粒的微粒过滤器，用于去除润滑剂和水分聚结的过滤器，以及用于气味的吸附剂过滤器。个别系统还需要额外的过滤，以满足特定用途的要求。空气过滤器从过滤水平分为粗效过滤器、中效过滤器和高效过滤器，建议选用带滤芯堵塞指示的过滤器。空气过滤器示例如图2-13所示。

3）能效空间及注意事项。

在运行维护中，重点关注过滤器的压降是否在合理区间，如果压差过大，应及时清洗滤网或更换滤芯，以尽量减少压降和能源消耗，至少应每年检查一次。

图 2-13　空气过滤器

（4）空气储气罐。

1）作用。

空气储气罐用于压缩空气储存，以满足高峰需求，并可通过控制系统压力变化率协助控制系统压力。合理的储气量可以用来提高系统的效率和稳定性。对于压缩空气流量要求变化很大的系统，储气罐十分有效。当峰值处于间歇状态时，大型空气储气罐可允许使用较小的空压机，并使容量控制系统更有效地

运行，提高系统效率。

2）选型。

适当容量的空气储气罐在协调系统控制方面起着至关重要的作用，可提供启动备用空气压缩机所需的时间。一般空气储气罐的容量由空压机的容积流量（产气量）决定，原则是按照气量的10%~15%来选配，可以根据工况适当提高。比如10m^3/min的空压机可以选择两立方左右的储气罐。

储气罐示例如图2-14所示。

3）能效空间及效益。

空气储气罐的合理容量设计对于空压系统相当重要，特别是对于峰值波动较频繁的系统，通过增大空气储气罐容量可减小空压机设备的容量，进而节省其建设投资。

图2-14　空气储气罐

（5）疏水阀。

1）作用。

疏水（排水）指从空压系统中去除冷凝水，疏水阀主要用于控制排水。

2）选型。

建议采用**零气耗自动疏水阀**，防止通过打开的旋塞和阀门浪费压缩空气，从而节省能源。维修不善的疏水阀会浪费大量的压缩空气。

手动疏水阀与零气耗自动疏水阀示例如图2-15、图2-16所示。

图2-15 手动疏水阀

图2-16 零气耗自动疏水阀

3）能效空间及效益。

零气耗自动疏水阀运行可靠，效率较高，排冷凝水时几乎没有压缩空气浪费。改造投资回收期长短取决于减少的漏气量，并由压力、运行时间、漏气的实际规模和电力成本等因素决定。

（6）热回收装置。

1）作用。

据计算统计，输入空压机的电能中，超过80%的能源转化为了热量，并通过风冷或水冷的方式排放到大气中。通过空压机热回收装置可回收这部分热量，用于生产热水、热空气及生产工艺中的低温加热。

2）选型。

空压机热回收装置按热回收的介质可分为油路回收型和气路回收型，主要依据空压机的类型进行选型配置，热回收装置的设计容量一般按压缩机额定功率当热的90%来设计。

油路回收型和气路回收型的热回收装置示例如图2-17、图2-18所示。

图 2-17　油路回收型热回收装置

图 2-18　气路回收型热回收装置

3）能效空间及效益。

空压机的压缩余热回收效率可达80%以上，节能效益需要分析余热的利用方式，效益高的应用场景是将余热用于生产工艺的加热或者预热，进而节省原加热的用能。空压机余热回收项目的平均投资回收期在1.5年以内。

2. 输送网

压缩空气输送网包含管网、二次储罐、过滤器等设备。

>> 管网

1）作用。

输送管网用于压缩供气的输送与流量分配，将压缩空气从空气压缩机输送到需要的最终使用点。

2）选型。

根据设计流量，选择合适的管径；根据工厂内的空气质量等环境情况，选择合适的管线材质；根据用气端的分布情况，优化设计管网布局形式。管网一般建议采用闭环系统，要求所有管道都倾斜至可到达的排水点。

3）能效空间及效益。

对管径、管长不合理的压缩空气输送管网，应重新优化设计，确保管网压损最小化，进而提高压缩空气系统能效。

3. 用气端

空压系统的用气端主要设备为气动设备、应用点管线、过滤器、干燥机、储气箱等。压缩空气的最终用途包括驱动气动工具、包装和自动化设备及输送机。

>> 气动工具。

1）作用。

与电动工具相比，气动工具更小、更轻、更机动。它们能提供平滑的动力，不会因超载而损坏。气动工具具有无级变速和转矩控制能力，并能很快达到所需的速度和转矩。此外，它们通常是出于安全原因而被选中，不会产生火花，且热量积累较低。尽管气动工具有许多优点，但它们的能效远低于电动工具。通常，气动工具的能源成本是电动工具的七到八倍，才能产生与电动工具相同的机械输出。

2）选型。

空压系统的压力等级主要是为了满足末端的用气需求，末端用气设备的工作压力决定了空压系统的供气压力，是提升压缩空气能效的一个关键点。优先选用低压力需求和节能型的气动设备，特别是用于吹扫气枪或喷嘴，尽量选择有效面积更大，压力损失更小的节能系列设备。

3）能效空间及效益。

用气端选用低压、高效、节能型气动设备，不仅可降低空压系统的供气压力需求，同时可明显减少用气量。节能效益由减少的压力和气量决定，投资回收期一般在一年以内。

（三）空压系统关键参数

空压系统主要有三个关键参数，分别是系统供气压力、系统供气能力和系统气电比，如表2–5所示。

表2-5　　压缩空气系统主要参数表

序号	参数	参数定义解释	单位	数据来源
1	系统供气压力	指空压系统供气总管上的压力	MPa、Bar	查看空压站储气罐上或供气总管上的压力表值
2	系统供气能力	空压系统的最大供气量	m^3/min、m^3/h	系统所含空压机组的容量之和
3	系统气电比	空压系统生产每标况立方米压缩空气所需要的电能	kW·h/m^3	某时间段的系统的累计耗电量和累计供气量的比值

二、服务方案

（一）客户收资

在开展现场查勘和能效诊断之前，先对企业的空压系统现状进行资料收集（见图2-19），进行初步了解。

公司名称	户号
1. 有多少压缩空气系统评估过能效?	□几乎没有　□ 约 15%　□ 不小于 30%
2. 采用何种维护保养的策略?	□ 无　□ 定期检修维护
3. 有哪些压缩机控制和储气策略?	□ 每台压缩机独立控制 □ 多台压缩机协调运行，只有一台效率高压缩机微调运行 □压缩机的控制和储气被用来有效地匹配供需
4. 压力分布、流量是如何控制的?	□压力分布、供需平衡和储气未优化 □变速驱动 □系统压力分布已得到优化
5. 泄漏管理	□泄漏未检测 □泄漏已检测，但未修复 □泄漏已检测，并已修复
6. 是否存在压缩空气不当使用?	□普遍存在　□ 已最小化

图 2-19　空压系统资料收集清单（一）

7. 重绕/更换采用何种政策?	□ 所有大小的电机通常都要多次重绕，而不是更换 □ 大于37kW的电机通常会被多次重绕，较小的电机通常是更换 □ 有书面的重绕/更换策略，禁止重绕较小的电机（典型功率<37kW）
8. 压缩机电机采用一级能效（或同等能效级别）电机的数量?	□不超过5%　□5%~50%　□50%以上
9. 压缩空气系统是否进行热回收?	□无　□部分　□全部

图 2-19　空压系统资料收集清单（二）

（二）现场诊断

场景一：供气侧（空压站）诊断

1. 空压机组是否为淘汰设备诊断

>> 诊断步骤

第一步：查看基本设备信息展示的空压机型号和电机型号（见图2-20）；

1092 0018 67

空气压缩机		
产品型号:	ZH600(+)-8	
系列号:	WUX880086	
最大工作压力:	8.8	bar(e)
输入功率:	770.4	kW
启动轴转速:	2980	r/min
制造日期:	2014.07	

Made In China

图2-20　空压机型号

第二步：核对空压机和电机型号是否在“高耗能落后机电设备（产品）淘汰目录”中，查询小工具，如图2-21所示。

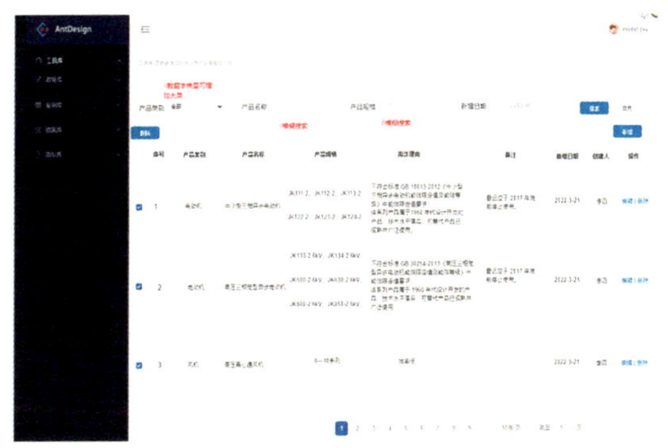

图2-21　机电设备淘汰目录查询小工具

>> 判断方法

将记录的空压机和电机型号与“高耗能落后机电设备（产品）淘汰目录”对照，如在淘汰目录内，则为淘汰设备。具体信息记录如表2–6所示。

表2–6 淘汰设备诊断表

设备编号	空压机型号	电机型号	是否为淘汰空压机	是否为淘汰电机	备注
结论：					

>> 能效提升措施

停止使用并将淘汰设备更换为容量、选型合适的高效空压机组。

2. 空压机设备能效水平诊断

>> 诊断步骤

第一步：在空压机的铭牌上查看其生产使用年限。

第二步：在空压机设备的能效标识上获取机组输入比功率及能效等级。当设备上无能效等级标示和比功率数值时，可咨询厂家获取。

>> 判断方法

空压机设备使用的时间越长，机组效率下降越明显、设备能耗增高。原则上十年以上的空压设备要求进行升级换代。

一级能效设备比三级能效节能15%左右，一级能效设备比二级能效节能5%左右。空压机选型经济性对比如表2-7所示。

表2-7　　空压机选型经济性对比表

能效	每小时节电量（kW·h）	年运行时间（h）	年节电量（kW·h）	年节约电费（万元）
一级能效比二级能效	0.5	5300	140450	11.231
二级能效比三级能效	0.7	5300	196630	15.73
一级能效比三级能效	1.2	5300	337080	26.96

具体可使用能效工具库中的“压缩空气系统能效等级及限定值”小工具，

查询同功率、压力级别及冷却方式下该类型空压机的能效等级及对应的比功率限定值，通过公式估算节能率。

$$节能率（\%）=\frac{原比功率-新比功率}{原比功率}\times 100\%$$

>> 能效提升措施

将老旧、低能效等级、低效率的空压设备更换成一级能效的高效空压设备。

3. 空压机运行控制模式诊断

（1）单台加卸载空压机运行诊断。

>> 诊断步骤

第一步：通过多次的加卸载循环计时，加卸载状态在机组监控屏上（见图2-22）会显示状态或听机组的运行声音判断（加载时噪声大）。

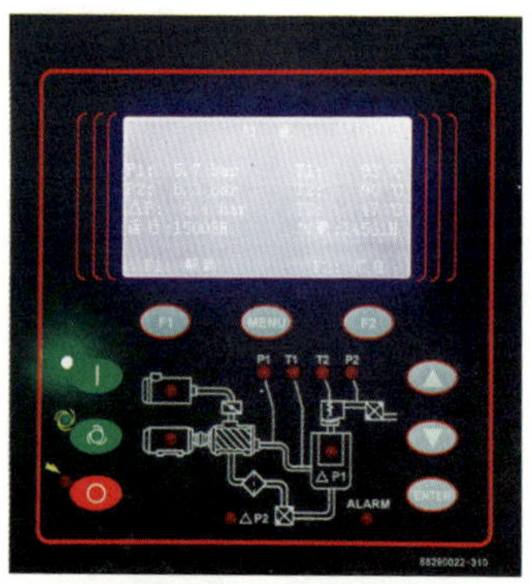

图 2-22　机组显示屏

第二步：计算该设备的平均加卸载时间。

第三步：查询操控屏中机组的运行时间和加载时间，计算设备的负载率，并核实实测数据的准确性。

>> 判断方法

现场加卸载计时的负载率计算公式为

$$负载率（\%）=\frac{T}{T+t}\times100\%$$

其中：T为平均加载时间，t为平均卸载时间。

采用机组操控屏中的累计运行时间和加载时间来计算负载率，计算式为

卸载时间=运行时间－加载时间

该设备的负载率=加载时间/运行时间 ×100%

加卸载空压机，在卸载待机时仍以额定负载的30%~70%运行，这部分运行能耗是可以节省的。负载率小于80%的则系统有节能潜力。预估年节能量可按如下公式计算。

年节能量=卸载功率 ×年运行时间 ×（1－负载率）

>> 能效提升措施

针对负荷变化大的加卸载空压机，建议增设调速驱动器或更换变频空压机组，平均节能率在20%以上，具体节能量视机组的负载率、卸载功率和机组年运行时间决定。

（2）多台空压机运行诊断。

>> 诊断步骤

第一步：了解并查看系统的控制模式，需明确多台空压机是独立手动控制还是智能自动群控。

第二步：了解不同负荷需求下空压系统的运行模式，包括空压机的运行台数、每台设备的运行方式（加卸载、变频调速、启停）。

第三步：分析系统的运行控制模式是否已最优。

>> 判断方法和措施

将实际运行与控制模式同最优化控制策略做对比分析，差距越大则节能改造空间越大。

多机组供气系统的优化控制策略为：根据实际用气负荷逐台开启设备、优先考虑能效高或具备变频调速功能的，直到开启台数的供气量满足用气负荷需求时，指定一台状况好、能效水平高的具有调速功能的设备用于负荷调整。

>> 能效提升措施

针对现有的多机组运行控制方式，采用智能群控技术实现系统在满足负荷需求下的最优控制策略；需求气量大的系统建议采用离心式+变频螺杆式空压机最优运行组合。具体节能率视原运行与控制模式决定。

4. 空气处理附件诊断

（1）干燥机诊断。

>> 诊断步骤

第一步：查看干燥机的类型与型号参数。

第二步：询问企业人员压缩空气的露点要求。

>> 判断方法

根据干燥机类型的特性对比判断所配置的干燥机是否为满足压力露点需求前提下的最经济节能的选型；其次根据干燥机类型，预估压缩空气在干燥机中的损耗量（以损耗率衡量）。

不同类型干燥机的压缩空气损耗率统计如表2–8所示。

表2–8　不同类型干燥机的压缩空气损耗率统计表

序号	类型	压缩空气平均损耗率
1	冷冻式	0%（无气损）
2	加热吸附式	7%
3	无热吸附式	15%
4	鼓风热吸附式	0%（无气损）
5	压缩热吸附式	0%（无气损）

>> 能效提升措施

选用可将压力露点调至最大与最有效能的干燥机。在必须使用吸附式干燥机时，选用零气耗吸附式干燥机；有余热条件的应选用更节能的压缩热吸附式干燥机。将无热吸附式干燥机替换成压缩热吸附式干燥机预计节能率达15%。

（2）疏水装置诊断。

>> 诊断步骤

第一步：沿空压系统气路查看管路中的疏水装置类型。

第二步：查看系统排冷凝水的方式，是否存在手动打开疏水阀直通排气来排除冷凝水的情况。

>> 判断方法

疏水装置要求选用零气耗自动疏水阀，不满足的存在一定的节能改造空间。

>> 能效提升措施

为除去系统中的冷凝水，打开疏水阀持续排水是企业常用的做法，但在排水的同时会使大量的压缩空气泄漏，造成能源浪费。零气耗疏水阀运行可靠，效率较高，排冷凝水时几乎没有压缩空气浪费。回收期长短取决于减少的漏气量，并由压力、运作时数、漏气的实际规模和电力成本等因素决定。

（3）过滤器诊断。

>> 诊断步骤

第一步：查看空压系统中各个过滤器的型号规格。

第二步：查看过滤器的前后压力并记录。

第三步：计算过滤器的实际压降。

>> 判断方法

将过滤器实际压降与其标准规范压差值（经验值为0.1MPa）进行对比，大于该值的即判断此过滤器压降过大。如果过滤器带堵塞指示，直接查看指示表盘。

带堵塞指示的过滤器示例如图2-23所示。

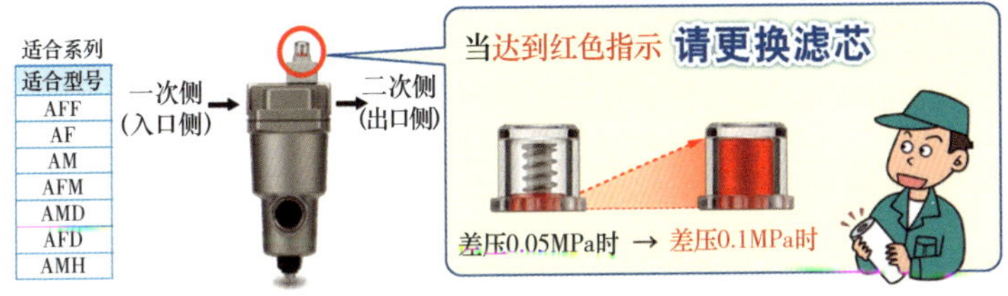

图 2-23　带堵塞指示的过滤器

>> 能效提升措施

监测过滤器的前后压差，定期清洗或更换滤芯（至少一年更换一次），或使用带滤芯堵塞指示的过滤器，避免出现严重堵塞造成能耗上升。

5. 空压机进气温度诊断

>> 诊断步骤

第一步：查看空压机的入风口位置。

第二步：使用温度计测量入风口风温及室外温度。

第三步：当空压机位于室内，查看室内有无冷却或通风措施。

>> 判断方法

空压机的入风口温度比室外温度高3℃以上，且无冷却或通风措施，则具备一定的节能潜力。

>> 能效提升措施

通过改变入风口位置或增设冷却通风等措施降低空压机的入风温度。根据经验，每降低3℃的进气温度可节省空压机1%左右的能耗。

6. 系统泄漏量测试

>> 诊断步骤

第一步：对于具有启动/停止或装卸载控制的空压系统，系统泄漏量测试要求所有压缩空气应用终端设备均关闭。

第二步：启动空压机运行，并测试记录空压机加卸载时间。要求8到10次测量来计算空压机加卸载的平均时间。

第三步：利用公式计算该系统的泄漏率。

泄漏率计算式为

$$泄漏率（\%）=（T\times 100）/（T+t）$$

其中：T为加载平均时间，min；t为卸载平均时间，min。

>> 判断方法

泄漏率大于10%以上的，系统具备泄漏检测与治理的节能潜力。能效工具库中的空压系统泄漏计算工具可用于泄漏计算与节能潜力分析。

>> 能效提升措施

在维护良好的系统中，泄漏损失的百分比应维持在10%以下。维修不善的系统可能会损失高达20%～30%的压缩空气容量。定期开展泄漏检测，及时治理泄漏，将空压系统的泄漏.率保持在合理范围内。

7. 热回收应用分析

>> 诊断步骤

第一步：查看空压机机组型号参数。

第二步：查看空压机机组的冷却方式。

第三步：了解企业是否存在用热需求，用热需求端的热负荷情况及与空压站的空间距离等。

>> 判断方法

空压系统压缩热回收典型用途主要包括供热、工业过程加热、恒温除湿和锅炉补水预热等，主要以80℃~90℃热水的形式进行热的回收、输送和应用。如果企业有上述的热应用需求，且用热点距离空压站距离合理，则可初步判断该企业空压机存在余热回收应用的潜力。

>> 能效提升措施

空压机压缩热回收利用。一般来说，对于一台每小时170m³容量的风冷螺杆式空压机进行热回收，每小时大约有1800g标准煤热单位（gce）的热量可利用。

场景二：管网侧诊断

1. 管网布局诊断

（1）同压力等级独立系统诊断。

>> 诊断步骤

第一步：询问了解企业空压系统的布局。

第二步：逐个查看独立的空压系统站房及供气范围。

第三步：查看各独立空压系统中设备运行情况，按之前的计算方法计算各系统设备的负载率。

>> 判断方法

如果企业中存在两个及以上相同压力等级的空压系统独立运行，且各独立系统的空压机负载率低于70%，则存在较大的节能改造潜力。

>> 能效提升措施

将相同压力等级的多个独立空压系统连网形成一个系统，并将原各系统的空压机进行联网群控。该能效措施在减少空压设备运行台数的同时提升了空压设备负载率，进而提高了系统能效。

同压力等级的多个独立空压系统连网优化效果如图 2-24 所示。

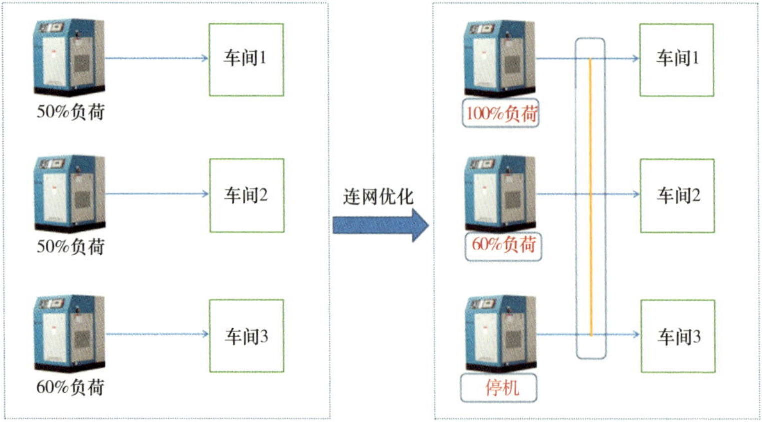

图 2-24　同压力等级的多个独立空压系统连网优化效果

（2）不合理管网形式诊断。

>> 诊断步骤

第一步：沿供气管网查看主管网的布局形式。

第二步：查看各支管的接入方式。

第三步：查看车间用气点的分布情况。

>> 判断方法

了解并查看空压系统主管网是否存在明显不合理的管网形式，如未设计成环网、管网接入混乱（见图2-25）等情况。存在上述不合理管网形式的，则具有管网优化改造的节能潜力。

>> 能效提升措施

找出空压系统中不合理的管网形式，特别是未设计成环网和管路接入混乱等问题点，并加以整改设计，减少网管带来的压损，进而减少空压系统能耗。

图 2-25　管网接入混乱

2. 管网压降诊断

>> 诊断步骤

第一步：沿着供气管网依次查看压力表显示的压力值并记录。

第二步：计算供气管网的压降，空压站出口压力与用气侧入口压力的差值。

第三步：现场查看或咨询主管网的管径及管长。

第四步：咨询了解企业空压系统建设历程，主要包括增容和管路改造。

>> 判断方法

存在管网压降大于供气压力的十分之一，或空压站进行过扩容，但仍使用原有规格的管网，则系统管网压降过大，存在管网优化改造的节能空间。

>> 能效提升措施

对不合理的管径、管长压缩空气输送管网，应进行重新优化设计，确保管网压损最小化，进而提高压缩空气系统能效。管径过小会导致管路沿程压降过大。管径对压降的影响如图2-26所示。

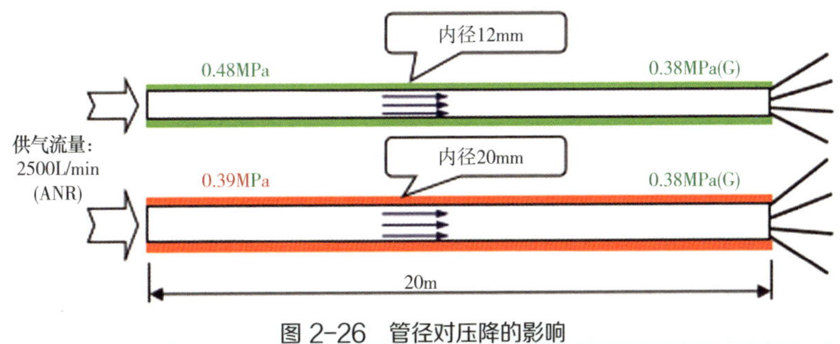

图 2-26　管径对压降的影响

场景三：用气端诊断

1. 不适当用气诊断

>> 诊断步骤

第一步：查看末端用气设备及用气形式。

第二步：观察用气操作人员的用气过程。

第三步：查看停用设备的用气支路阀门。

>> 判断方法

查看是否存在不适用的末端应用。不当使用压缩空气的情况主要包括：开放式的吹风、抽真空、人员冷却、开放式手式喷枪、气动马达、无管制的终端用途、向废弃设备提供空气等。存在上述应用情况的，有能效改善的空间。

>> 能效提升措施

压缩空气的最佳使用原则，供应的压缩空气应是所需的最小量和最低压

力，并应在最短的时间内使用，尽量减少人为操作习惯造成的压缩空气浪费，避免不适当的压缩空气应用。

2. 用气最不利点诊断

>> 诊断步骤

第一步：沿着供气管路，依次查看各用气点的压力情况。

第二步：咨询企业人员，了解用气最不利点（压力要求最高的应用点）的压力需求。

第三步：查看系统最不利点的实际供气压力。

第四步：咨询企业工作人员或查看用气不利点用气设备参数。

>> 判断方法

若存在系统最不利点的供气压力大于实际需求压力的情况，或系统的应用末端存在高压需求的低用气量应用点，则该系统存在一定的节能潜力空间。

>> 能效提升措施

在满足末端应用的前提下最大限度降低空压机输出压力；通过在高压需求的低用气量应用点局部设置增压装置，进而降低系统的供气压力。对于螺杆式、活塞式空压系统，供气压力降低0.1MPa，可节电7%～10%。

局部设置增压装置系统优化效果如图2-27所示。

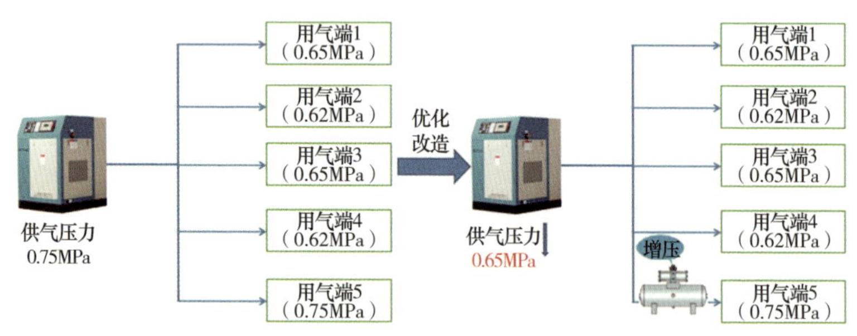

图2-27　局部设置增压装置系统优化效果

3. 查明显泄漏

>> 诊断步骤

第一步：沿管线依次排查，主要通过听和触摸感受是否有压缩空气泄漏。

第二步：重点检查泄漏点为联轴器、软管、管子和配件，调压器、开启凝结水疏水阀和关闭阀，管接头、断开管和螺纹密封剂。典型的压缩空气泄漏现场图如图2-28所示。

第三步：记录并标记发现的泄漏部位。

（a）硬管连接漏气

（b）软管破损漏气

图 2-28　典型压缩空气泄漏现场图（一）

（c）接头漏气

（d）压力表破损漏气

（e）气缸密封破损漏气

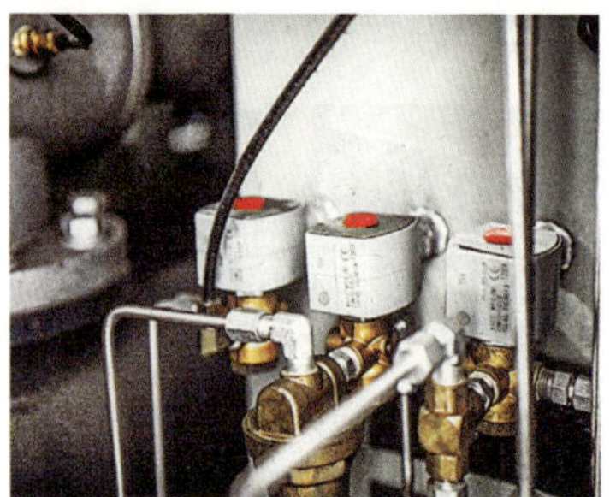

（f）电磁阀漏气

图 2-28　典型压缩空气泄漏现场图（二）

>> 判断方法

在诊断过程中，发现并记录管路及用气末端处发现的泄漏点，根据泄漏点的孔径大小和数量，判断系统的泄漏程度。

>> 能效提升措施

选用超声波测漏仪等专业检漏工具，定期开展空压系统的泄漏检测，及时修复泄漏，使系统的泄漏率保持在合理的低水平。

场景四：空压系统气电比分析

空压系统气电比可以用来衡量空压系统的总体能效水平。系统气电比是通过一定时间周期内的累计电耗和供气量来计算的，对于用气负荷波动较大的空压系统，尽量选取长时间跨度的累计电耗和供气量，建议用整年统计数值计算。

计算式为

$$\text{系统气电比}=\frac{\text{系统年累计电耗}}{\text{系统年累计供气量}}$$

据统计，当前在工业领域，8公斤级（0.8MPa）压力等级电驱动的空压系统平均气电比为0.14kWh/m³，而能效与管理水平好的系统成本约在0.1kWh/m³。

（三）编制报告

根据现场诊断结果及分析编制能效诊断报告（见表2-9）。

表2-9　能效诊断报告（示例）

（一）供气侧诊断

1.空压机组是否为淘汰设备诊断

设备编号	空压机型号	电机型号	是否为淘汰空压机	是否为淘汰电机	备注
空压机1号	LS315HWC	无	否	—	
空压机2号	LS315HWC	无	否	—	
空压机3号	LS315HWC	无	否	—	
结论：非淘汰设备					

续表

2. 空压机设备能效水平诊断 该系统机组设备的比功率为6.6kW/（m^3/min）。查询《容积式空气压缩机能效限定值及能效等级》，该设备为二级能效设备，而同等级类型设备一级能效的比功率不大于5.7。将原机组更换成1级能效的节能率及节能量预估： 节能率=（原比功率—新比功率）/原比功率=（6.6—5.7）/6.6=13.6% 加卸载运行机组设备的负载率=加载时间/运行时间 ×100%=29.8% 原年耗电量=315×8000+315×8000×29.8%+315×30%×8000×70.2%=380.2（万kWh） 年节能量=年耗电量 × 节能率=380.2×13.6%=51.7（万kWh） 因此，更换1级能效设备预计可年节能51.7万kWh，节能率13.6%  《容积式空气压缩机能效限定值及能效等级》部分内容
3. 空压机运行控制模式诊断 加卸载运行机组设备的负载率为29.8%，远低于80%，因此初步诊断该系统节能存在较大的变频节能改造的潜力。

续表

<table>
<tr><td>由于现场未检测到机组卸载时的功率，卸载功率按额定功率的30%保守预估变频改造的年节能量。
年节能量=卸载功率×年运行时间×（1−负载率）
=315×30%×8000×70.2%=53.1（万kWh）
年节能率=年节能量/原年耗电量×100%
=53.1/380.2×100%=14.0%
因此单台加卸载空压机设备更换成变频空压机的预估年节能量约为53.1万kWh，节能率约为41.4%</td></tr>
<tr><td>4.空气处理附件配置诊断
（1）干燥机气耗诊断。
系统配备的干燥机为加热再生吸附式干燥机，耗气率约为7%。建议采用零气耗型干燥机，如鼓风热再生吸附式干燥机和压缩热再生吸附式干燥机。预计可实现7%的节能率，节能量约为380.2×7%=26.6（万kWh）。
（2）疏水装置诊断。
系统的疏水装置均为零气耗型自动疏水阀，不存在排气情况</td></tr>
</table>

续表

5. 空压机进气温度诊断 空压系统的入风采用室内热空气，存在节能改造点。建议改变入风口位置或增设冷却通风等措施降低空压机的入风温度。根据经验，每降低3℃的进气温度可节省空压系统约1%的能耗
6. 余热回收应用分析 若干燥机节能改造采用压缩热再生吸附式干燥机，空压机的余热可直接利用。若采用鼓风热再生吸附式干燥机，空压机的压缩热可考虑进行余热回收利用，用于员工宿舍和食堂热水
（二）管网侧诊断
该企业空压系统主供气管网未设计成环网，建议进行环网改造，可将压降减少至原压降的一半左右，改造后可降低相应压降量的空压站供气压力设定，进而减少空压系统机组能耗
（三）用气端诊断
1. 用气最不利点诊断 空压系统用气端中最不利点的供气压力为0.65MPa，实际需求压力为0.60MPa，供气压力比实际需求压力高0.05MPa，因此可将系统的供气压力设定下调0.05MPa，减少系统能耗。按空压系统供气压力降低0.1MPa，可节电7%的经验值，初步估算节能率约3.5%

续表

2.查明显泄漏

在空压使用终端现场，通过听、手感应发现了4处较大的泄漏点。因此，该系统存开展泄漏检测治理的节能潜力。有条件情况下，可进行泄漏量测试，评估系统泄漏率及泄漏量。建议企业定期开展泄漏检测，及时治理泄漏，将空压系统的泄漏率保持在合理范围内

（四）诊断结论

该企业空压系统能效诊断结论如下表

诊断结论汇总表

序号	区域	能效措施	预估节能潜力	备注
1	空压站	更换1级能效设备	年节能量：51.7万kWh 节能率：13.6%	1~2项可合并改造
2	空压站	单台设备变频改造或更换变频空压机组	年节能量：53.1万kWh 节能率：14.0%	
3	空压站	将原更加热再生吸附式干燥机换为零气耗型干燥机	节能率：7%	

续表

续表

序号	区域	能效措施	预估节能潜力	备注
4	空压站	降低空压机的入风温度	节能率：1%	
5	空压站	空压机余热回收，用于员工宿舍和食堂热水供应	根据实际用热需求	
6	输送侧	主供气管路改造成环网	—	
7	用气端	将系统的供气压力设定下调0.04MPa	节能率：3.5%	
8	用气端	泄漏检测与治理	—	通过泄漏量测试可估算泄漏

三、典型案例

案例1：某企业集中智慧气源站项目

>> 项目背景

某企业是国内规模较大的知名铜加工企业，也是该地区工业龙头培育企业，空压机是该企业的“用电大户”，但是电能转化为压缩空气势能的过程中，能源转换效率只有60%~70%，很多能量以热能形式消耗了。在设备布局上，空压机呈现分散分布的状态，一天到晚用同样的力度进行供气，造成很大浪费。

>> 挖掘过程

问题一：原本企业6个车间单独供气，各供气站供气规模小，调整供气负荷机动性差，小机组能效低，机组管理人员工作繁琐。

问题二：每个空压机无论工作与否都同样供气，造成大量浪费。

>> 实施方案

采用智慧控制系统向6个子公司供气，空压站配置4台空压机（3用1备），最大供气能力150m^3/min，供气压力8bar。

>> 能效提升结果

在设计上改变了原先厂区内分散分布的现状，实行集中布置、集中管理、集中运维，尽量做到减少占地面积、减少人员管理、减少设备故障率，便于后期运输与管理，并采用先进成熟的节能措施，合理使用和节约能源，最大限度地降低消耗。

该项目已于2021年投运，粗略估计每年可节约用电108万kW/h，减少二氧化碳排放760t。智慧集中供气空压站投运后年可向该企业供应4320万m^{3}压缩空气，相比于改造前节能率达到20%，年可为全社会节约用电108万kWh，年减少二氧化碳排放760t。智慧集中供气空压站的建设有效地解决了原有问题，实现了智慧供气。

案例2：某工业园园区供气站建设项目

>> 项目背景

某工业园区内现有三家较大的用气企业，每家企业用气量为20~30 m^3/min，总用气规模为80m^3/min，各工厂用气点较分散，且未来用气出现增量趋势。

>> 挖掘过程

问题一：园区内用气企业较多，用气量大。

问题二：各企业单独供气，设备用电损失量大，能源效率低。

>> 实施方案

在园区中心建设“智慧气岛”，配置4台空压机（3用1备），最大供气能力94.8m^3/min，供气压力8bar。统一设计和建设“智慧气岛”，对全部设备进行集中控制，规模化后减少整体的建站成本投资，根据各不同公司用气压力智能调节供气压力，降低了供气距离远造成的压力损失，提高了设备整体负载，减少设备用电损失，对紧急出现的设备故障做出反馈和报警，可实现无人值守。

>> 能效提升结果

“智慧气岛”每年可向三家企业供应2376万m^3压缩空气，为全社会节约用电47万kWh，减少二氧化碳排放334t。

第三篇　工业余能利用篇

本篇以工业余能利用为主要内容，介绍了余能利用的相关基础知识、服务方案和典型案例，旨在帮助一线客户经理了解余能利用的原理和技术，为业务实际开展提供参考。

一、基础知识

（一）基础概念介绍

余能利用是对生产流程中原有工艺结构进行改造，增加节能装置，回收和利用生产过程中产生的余能，提升企业能源综合利用效率。常见的工业余能主要包括余热和余压，通过使用透平膨胀机、工业汽轮机、燃气轮机、螺杆膨胀机、工业热泵、余热锅炉等能量回收装备直接发电、供热、供冷或者提高部分能源资源的品质，减少一次能源和二次能源的使用。

余能利用应遵循能源梯级利用原则。为了有效和合理地利用余热资源，必须充分注意在“数量”和“质量”两方面均不使其损失和浪费。按照能源梯级利用的原理，实行余热的多次利用，使余热品位逐级降低，直到最后因受科学技术条件的限制和经济上不合理而不能利用为止。能源梯级利用原理如图 3-1 所示，一次能源燃烧产生高温高压的蒸汽，先将蒸汽用于推动汽轮机作功，产

生高品位电能，同时降低蒸汽压力和温度，低品位的蒸汽再用于建筑物冬季供热和夏季空调制冷。

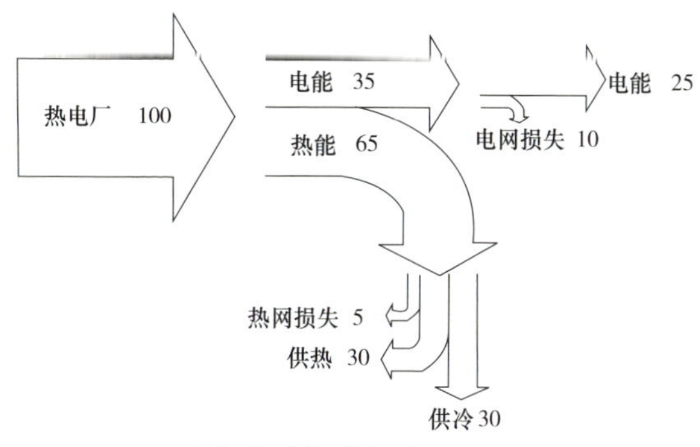

图 3-1　能源梯级利用原理图

1. 余热

余热：是指企业生产过程中未经充分利用的热能，包括气态、液态和固态等多种形式。

按照余热资源载体的温度高低，可以把余热资源按品味分为高、中、低三大类，温度高则代表余热资源的可做功能力高，即便是直接传热也可以方便利用，即所谓“高品位余热资源”；温度低，则代表该余热资源品味较低。

高品位余热资源： 指300℃以上的气态余热、200℃以上的液态余热、700℃以上的固态余热。

中品味余热资源： 指200℃~300℃的气态余热、95℃~200℃的液态余热、400℃~700℃的固态余热。

低品位余热资源： 指低于200℃的气态余热、低于95℃的液态余热、低于400℃的固态余热。

2. 余压

余压： 是指企业生产过程中排出的有一定压力的流体，包括高炉煤气、过热或饱和蒸汽等。

3. 余气

余气：是指企业生产过程中产生的焦炉气、转炉气、煤层气、富氢尾气等具有一定热值的、可燃烧的残余尾气。

不同品味余热的主要利用途径：

中高品味余热（280℃以上）余压资源，主要可用于发电，或直接供应工艺用饱和蒸汽。

较低品味的余热可用于供暖（制冷），其中90℃以上的烟气、蒸汽等，可以与热网水直接换热，也可用于制冷；70℃~90℃的钢铁厂渣水余热、铜厂的浓酸冷却余热等，可以通过换热将热量传递给热网水；更低温度的如冷却循环水，需要提升品味后才可用于供暖。

余气（如高炉煤气、副产氢气等）可通过直接燃烧进行热电联产，或提纯作为工业原料。

中低温余热发电。对于280℃以下的中低温余热，可利用有机朗肯（简称

ORC）进行发电。

（二）余能利用潜力

电力、钢铁冶金、水泥、石化等行业是余能总量最集中的行业。此外，城市污水处理过程中也产生较多余热，数据增长快、耗电量大，余热产生较稳定，以上是重点关注领域。

但是，工业园区能源消费面临着诸多问题：

· 能源消耗总量大，温室气体排放量大；

· 园区内电、水、热等能源的耦合利用不足，各类企业资源回收、余能利用不足，能源综合利用率不高；

· 因本地资源禀赋、能源网络调度技术等因素的限制，导致清洁能源应用比重不高等。

二、服务方案

（一）客户收资

在开展现场查勘和能效诊断之前，先对企业的余能现状进行资料收集（见图3-2），进行初步了解。

公司名称	户号
1.项目建设背景与国家产业发展政策	□主业具有良好的发展前景，企业生产开工率、产品市场占有率高 □主业不符合国家产业政策，属于调整或即将淘汰的产能 □主业属于国家严禁新增产能目录
2.生产过程产生废气余热品质	□优（废气温度≥400℃） □良（300℃≤废气温度＜400℃） □一般（200℃≤废气温度＜300℃）

图3-2　工业余能利用资料收集清单（一）

3.生产过程产生废气排放量	1.产线一排放量______m^3/min 2.产线二排放量______m^3/min 3.产线三排放量______m^3/min
4.余热发电站房建设用地	□有□部分用地既有建筑拆除□无
5.循环冷却水源	□自备 □新建外引□无
6.项目建设资金	□企业自筹□合同能源 □银行贷款
7.主要工艺	供热品质

图 3-2 工业余能利用资料收集清单（二）

（二）现场诊断

1. 热源判断

在余能利用的实际操作中，一般通过热源分类来进行现场诊断，并结合客户需求规划余能利用方向。热源通常指能够散发热量的东西，如燃烧的火柴。在工业领域，热源是可以提供热量的热库，在某些情况下，热源可能会让系统的温度升高，压力也会变得非常高。常见的热源有热水、蒸汽、烟气和其他热

源（导热油、酸碱滤液、高温冷却介质）。

热源一：热水

对热水的现场诊断主要是对客户热源现状进行收集的过程，结合浪费的热量考虑余能利用实际落地的用途。如图 3-3 所示为冲渣热水。

图 3-3　冲渣热水

热水来源

途径：蒸汽，冷却，喷雾减温，冲洗

常见种类：蒸汽——蒸汽冷凝水；冷却循环水——回水

诊断步骤

第一步：查看是否配备蒸汽冷凝设备，产出蒸汽冷凝水；

第二步：询问是否存在冷却循环水；

第三步：向客户收集水质全分析报告。

关键指标

（1）水质：是否具有杂质/是否具有腐蚀性/氯离子、酸根离子等含量。某钢厂渣水水质分析见表3-1、表3-2。

（2）水温：平均不能低于80℃。

（3）水量：水量不宜太小，至少30t以上。

表3-1　　某钢厂渣水水质分析表A

指标	数值	指标	数值	指标	数值
pH（25°C）	8.34	浊度	3.7NTU	Cl^-	115mg/L
电导率（25°C）	3430	总硬度（C_aCO_3）	1500mg/L	Ca	1400mg/L

表3-2　　某钢厂渣水水质分析表B

指标	pH	Ca^{2+}（mg/L）	Mg^{2+}（mg/L）	总铁（mg/L）	F^-（mg/L）	Cl^-（mg/L）	NO_2^-（mg/L）	NO_3^-（mg/L）	SO_4^{2-}（mg/L）	SS（mg/L）
最大值	6.1~7.6	990.1	225.7	5.01	36.6	1016	22.5	311.6	930.4	1800

热源二：蒸汽

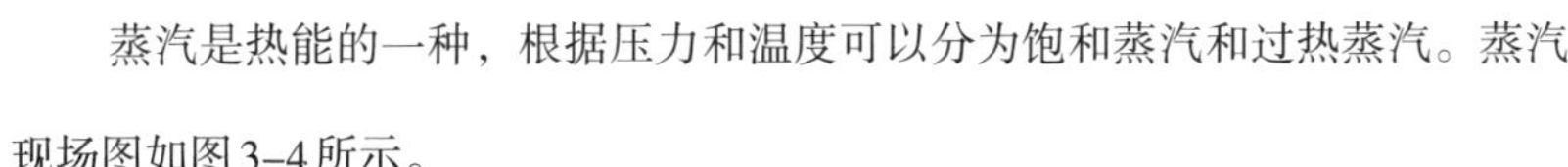

蒸汽是热能的一种，根据压力和温度可以分为饱和蒸汽和过热蒸汽。蒸汽现场图如图3-4所示。

图 3-4　蒸汽现场图

蒸汽来源： 锅炉产汽，蒸汽发生装置产汽，闪蒸装置等。

蒸汽用途： 发电、保温、加热、气化冷却、冲洗、制冷。

诊断步骤

第一步：向客户收集设备清单，包括动力设备、辅助设备；

第二步：查看是否存在产汽设备产出蒸汽；

第三步：向客户收集热平衡表，了解蒸汽管网等级、蒸汽产量、蒸汽来源等基本信息。

关键指标

（1）压力。

（2）温度：蒸汽的直接利用发电要求压力在0.15MPa以上。

（3）产量：消耗量。

注意事项

大型企业对蒸汽的需求分为大管网蒸汽（生产普遍需求，通常为0.4MPa/0.6MPa/0.8MPa下的饱和蒸汽）和其他工艺蒸汽，如高参数蒸汽通常用来发电、进行特殊工艺处理等，诸多低参数蒸汽使用后的余热尚未回收。

热源三：烟气

烟气来源

各种炉子的排气烟气，如热风炉、加热炉、烟化炉、侧吹炉、反应炉等。锅炉见图3-5，烟气见图3-6。

图3-5　锅炉

图3-6　烟气

烟气用途

高温烟气大多已经回收利用进行余热发电。

诊断步骤

第一步：查看企业是否存在产生烟气的设备。

第二步：向客户收集烟气成分表（见表3-3），了解烟气量、温度等基本信息。

表3-3　烟气成分表

烟气来源	单位	烟气成分及烟气量					
		CO_2	SO_2	H_2O	O_2	N_2	合计
还原炉烟气	Nm^3/h	10566.31	40.04	2923.30	9529.49	53668.86	76727
	%	13.77	0.06	3.81	12.42	69.94	100
烟化炉烟气	Nm^3/h	12652.66	115.72	7264.99	13115.57	95435.04	128584
	%	9.84	0.09	5.65	10.20	74.22	100
混合后烟气	Nm^3/h	23217.97	155.76	10185.29	22645.06	149106.9	205311
	%	11.13	0.08	4.97	11.02	72.8	100

关键指标

（1）烟气成分。

（2）烟气量。

（3）烟气温度。

（4）可降极限（企业根据自身实际要求最多可以将温度降到多少）。

（5）脱硫脱硝。

注意事项

烟气是一个集余热回收与环保问题于一身的热源，有的烟气含可燃及爆炸成分，诸多企业烟气的排放必须达标，所以烟气必须经脱硫脱硝，前端处理涉及工序较多。

脱硝脱硫处理工艺：大多是先脱硝，常规工艺如SNCR（反应温度窗700℃以上）和SCR（反应温度窗280℃以上）等。如烟气温度不够，会添加GGH（煤气中间加热器）将烟气加热之后脱硝，再采取强制减温措施（混风、表冷）降

至脱硫所需温度（160℃ ± 30℃左右），脱硫之后外排。如需除尘，也在脱硫之前。

热源四：其他热源

导热油：造纸企业及板材企业对压力等级需求不高，但对温度需求很高，常需要300℃以上的温度，为了避免压力等级过高，常采用导热油锅炉。

酸碱滤液：造纸及化工行业，碱性滤液基本热回收完毕。

高温冷却介质：将高温介质冷却之后方便储存，如煤气冷却。为了达到冷却目的，多采用蒸汽型或直燃型溴化锂机组进行冷却。

2. 余能利用方式选择

余能利用的方式主要有热交换、热工转换和制冷制热三种，见图3–7。

工业余热最直接、效率最高的回收方式，相对应的设备为各种换热器，既有传统的各种结构（间壁、混合、蓄热等）的换热器、热管换热器，也有余热蒸汽发生器（余热锅炉）等。
热工转换
热交换
制冷制热
热工转换可提高余热的利用率，是余热利用的重要技术，当前主要的工业应用是以水为工质，以余热锅炉+蒸汽透平或者膨胀机组成低温汽轮机发电系统。其他应用较多的是背压发电、蒸汽背压热能利用和蒸汽拖动等。
主要方式
溴化锂机组：吸收式制冷，不消耗电能，比传统压缩式制冷有优势。
热泵：供热系数3~5之间，即消耗1kWh电的能量，可制取3~5kWh电的等同热量。各类型热泵均有一定的适用条件，如水源热泵最好为50°C以上的热水、空气源热泵温度低于2°C换热口容易结霜，地源热泵温度下降较快，热效应恢复较慢等。

图 3-7　余能利用方式

常见空压机工作原理

>> 主打优势

1. 节能和经济效益显著

余能利用是当前节能领域中性价比较高的措施，利用余热锅炉产生的高温高压蒸汽进入汽轮发电机组做功发电，最终将废汽的显热转换为电能，节能及经济效益十分明显。

2. 环境效益

对余热进行回收，可节省电量和煤耗，从而降低环境污染，减少碳排放和废汽排放。

3. 提升企业现代化程度

节能降耗是冶金企业长期的战略任务。冶金企业从原料、焦化、烧结到炼铁、炼钢、连铸及轧钢的生产过程中产生大量含有可利用热量的废气、废水、废渣，同时在各工序之间存在着含有可利用能量的中间产品和半成品。充分回收和利用这些能量，是企业现代化程度的标志之一。

三、典型案例

案例1：某企业余气利用

>> 项目背景

某企业新建一70万t/y的轻烃综合利用项目，生产运行过程中由于燃料不平衡，乙烯裂解装置副产7.5万t/y余气只能作为燃料或放火炬烧掉，造成资源的巨大浪费，严重影响了轻烃利用项目的经济效益。

>> 挖掘过程

余能资源：余气。

问题点：产生大量余气资源，无法得到合理利用，造成巨大浪费。

>> 实施方案

该企业余气利用项目充分依托现有企业余氢资源丰富的优势，新安装3台15MW热电联产燃气轮机组，燃气轮机热电联产系统每台燃机发电的同时每小

时产410℃、4.1MPa的高压蒸汽23t/h，每小时产280℃、1.0MPa低压蒸汽2.6t，单循环发电效率35.2%，系统综合效率84.15%，扣除自用电后系统后综合效率为82.45%。

>> 能效提升结果

利用燃气发电机排出的废弃高温余热烟气资源进行技术改造，每年向企业提供发电量约10800万kW，供应蒸汽20.48万t，节约标准煤49104t，减少了能源的消耗和燃煤发电产生的污染物排放，改善了环境质量，带来了经济效益，一举三得。

本项目利用余气发电发汽，自发自用，解决了企业燃料不平衡的问题、提高了经济效益，同时保障了园区内能源的有效供给，符合园区绿色环保的发展理念。

案例2：某化工企业余能梯级利用

>> 项目背景

作为支撑该地区经济发展的支柱产业，化工企业在带来高产出的同时，也对能源“双控”造成极大压力，政府和企业对于通过降低能耗腾出发展空间具有较强需求。某化工企业与周边其他三家企业在改造前均采用独立购买能源的方式，生产过程中产生的可燃烧气体也只经过锅炉燃烧后发电，效率极低。

>> 挖掘过程

问题一：化工企业在生产过程中产生大量可燃清洁多组分尾气，比较普遍的利用方式是通过锅炉燃烧后发电，利用效率低。

问题二：该化工企业原有的水煤气变换冷却工艺不仅能耗高而且存在大量能源浪费现象，可以向外传输使用。

问题三：周边化工企业原有的丙酮蒸馏、化盐加热工艺没有得到合理利用。

>> 实施方案

（1）新建能源站，安装3台4400kW的燃气机组，以该化工企业可燃废气为主供原料，新建LNG气化站补充LNG作为辅供原料。在检测到可燃废气不足情况下，自动补充LNG发电供给量，确保发电有稳定输出。采用先进的机组发电，发电效率由30%提升至84%。

（2）建设企业与能源站及周边企业之间的热水管道，110t/h的125℃热水和燃气机组产生的95℃热水进行混合，生成270t/h的105℃热水供周边企业A进行生产使用，之后A将利用后的85℃热水输送至周边企业B，B将用完后的热水再通过A输送至燃气机组站点进行加热，形成热水的循环梯级利用系统。系统平台在检测到循环热水供应量波动的情况下，自动控制燃气机组供热量，确保热量稳定。

（3）建设该企业与能源站、周边企业之间的蒸汽管道，该企业13t/h蒸汽和能源站7t/h蒸汽传输给周边企业C。

（4）搭建能源微网控制系统，实时监测电、热水、蒸汽状况。

>> 能效提升结果

建设分布式能源站，解决该企业可燃废气不稳定的问题，废气发电综合效率为84%。通过能源梯级利用方式，年减少企业供热成本2865万元，年节能2.12万t标准煤。本项目利用余气发电发汽，自发自用，解决企业燃料不平衡的问题、提高经济效益，同时保障了园区内能源的有效供给，符合园区绿色环保的发展理念。

第四篇　建筑节能篇

本篇以建筑节能为主要内容，介绍建筑节能基础知识、服务方案和典型案例。通过对既有建筑的采暖、制冷、照明、通风等系统应用高效节能改造技术和智慧能源监管平台，多方面提升建筑能效水平，降低用户运营成本，为一线客户经理更好地开展相关业务提供参考。

一、基础知识

（一）建筑节能相关政策解读

随着“双碳”目标的确立，社会对节能建筑、智慧建筑、绿色建筑的管理提出了进一步细化的要求。近几年来，国家层面、浙江省层面和宁波市层面都陆续发布节能建筑相关政策，推动建筑节能发展。

1. 国家政策

国家层面发布的建筑节能相关政策如表4-1所示。

表4-1　　建筑节能国家政策一览表

时间	政策	内容
2015.12	《民用建筑能耗统计报表制度》	主要针对城镇民用建筑及乡村居住建筑进行能耗信息统计，统计内容反应城镇居民建筑和乡村居民建筑在使用过程中电力、煤炭、天然气、液化石油气、热力等化石能源和可再生能源的消耗信息

续表

时间	政策	内容
2016.2	《城市适应气候变化行动方案》	积极发展被动式超低能耗绿色建筑，到2020年建设30个适应气候变化试点城市，绿色建筑推广比例达到50%
2016.5	《关于促进建材工业稳增长调结构增效益的指导意见》	提高建筑节能标准，推广低辐射镀膜（Low-E）玻璃、安全真（中）空玻璃、个性化幕墙、光伏光热一体化玻璃制品等节能门窗等产品
2016.8	《建材工业"十三五"发展指导意见》	推广Low-E、安全真（中）空、光伏玻璃
2016.10	《建材工业发展规划（2016—2020年）》	推广Low-E玻璃、安全真（中）空玻璃等节能门窗
2017.2	《建筑节能与绿色建筑发展"十三五"规划》	到2020年，全国城镇绿色建筑占新建建筑比例超过50%，新增绿色建筑面积20亿平方米以上，城镇新建建筑中绿色建材应用比例超过40%
2017.8	《住房城乡建设科技创新"十三五"专项规划》	重点突破建筑节能与绿色建筑的关键核心技术公关与集成，推广应用一批新技术、新工艺、新材料、新产品，整体提升住房城乡建设技术水平，大幅提高科技进步对行业发展的贡献率

续表

时间	政策	内容
2018.3	《住房城乡建设部建筑节能与科技司2018工作要点》	引导有条件地区和城市新建建筑全面执行绿色建筑标准，扩大绿色建筑强制推广范围，力争到2018年年底，城镇绿色建筑占新建建筑比例达到40%
2020.3	《关于促进消费扩容提质加快形成强大国内市场的实施意见》	鼓励使用绿色智能产品。健全绿色产品、服务标准体系和绿色标识认证体系。以绿色产品供给、绿色公交设施建设、节能环保建筑及相关技术创新等为重点推进绿色消费，创建绿色商场
2020.4	《关于进一步提升建材行业节能减排水平加快绿色低碳发展步伐的实施方案》	绿色建材占到主营业务收入的30%左右，新建建筑中绿色建材应用占到40%以上，试点示范工程绿色应用比例达70%以上，既有建筑改造的应用比例达到80%，实现建材生产和建筑应用的能耗、排放都有较大幅度的降低
2022.1	《“十四五”建筑业发展规划》	提升工程建设标准水平，完善既有建筑绿色改造技术及评价标准，编制超低能耗、近零能耗建筑相关标准

2. 浙江政策

浙江省层面发布的建筑节能相关政策如表4–2所示。

表4–2　　建筑节能浙江政策一览表

时间	政策	内容
2005.7	《浙江省人民政府办公厅关于加强建筑节能工作的通知》	按照建筑节能设计标准和规范，在建设项目设计和建造、改造过程中，对建筑围护结构采取隔热保温措施，使用节能型用能系统，实现建筑节能
2007.10	《浙江省建筑节能管理办法》	加强建筑节能管理，降低建筑物能耗，提高能源利用效率，促进经济社会可持续发展
2016.5	《浙江省绿色建筑条例》	绿色建筑是指在建筑全寿命周期内，符合节能、节水、节地、节材和减少污染、保护环境要求，为人们提供健康、适用和高效的使用空间，与自然和谐共生的民用建筑。绿色建筑按照节能、节水、节地、节材和环境保护的技术应用水平，由低到高划分为一星、二星和三星三个等级

续表

时间	政策	内容
2022.8	《浙江省“十四五”节能减排综合工作方案》	全面贯彻城镇建筑绿色低碳规划、绿色设计、绿色施工管理的理念，推进低碳城市、韧性城市、海绵城市建设。稳步推进既有建筑节能改造。推进可再生能源的建筑应用。开展绿色高效制冷行动，更新升级制冷技术和设备，提升制冷系统能效水平

3. 地市层面

宁波市层面发布的建筑节能相关政策如表4-3所示。

表4-3　建筑节能地市政策一览表

时间	政策	内容
2021.6	《宁波市绿色建筑创建行动实施计划（2021—2025）》	到2025年，当年城镇新建民用建筑中绿色建筑实现全覆盖，按二星级及以上绿色建筑强制性标准建设的面积占比达到全省领先水平，高星级绿色建筑持续增加。既有建筑能效水平不断提高，建筑健康性能不断完善

续表

时间	政策	内容
2022.5	《宁波市既有公共建筑节能改造技术实施细则》	为贯彻落实国家、省、市有关“碳达峰、碳中和”的法律法规和方针，推进建筑节能工作，提高既有公共建筑的能源利用效率，减少温室气体排放，改善室内热环境，结合宁波市既有公共建筑特点，制定细则

（二）专业名词解释

建筑节能领域专业名词如表4-4所示。

表4-4　　建筑节能名词一览表

序号	名词	解释
1	建筑采光顶	太阳光可直接透射入室内的屋面
2	透光外围护结构	外窗、外门、透明幕墙和采光顶等太阳光可直接透射入室内的建筑物外围护结构
3	建筑节能热工计算	按照建筑节能相关标准规定的方法对建筑围护结构的规定性指标或性能性指标进行计算的工作

续表

序号	名词	解释
4	外保温系统	由保温层、防护层和固定材料构成，位于建筑围护结构外表面的非承重保温构造总称
5	内保温系统	由保温层、防护层和固定材料构成，位于建筑围护结构内表面的非承重保温构造总称
6	自保温系统	以墙体材料自身的热工性能来满足建筑围护结构节能设计要求的构造系统
7	围护结构热工参数	用于描述围护结构热工性能的物理量，主要包括导热系数、蓄热系数、热阻、传热系数、热惰性指标等
8	遮阳系数	透过玻璃、窗、窗洞口太阳辐射总透射比与透过3mm厚普通无色透明平板玻璃的太阳辐射的比值
9	热桥	围护结构中局部的传热系数明显大于主体传热系数的部位
10	建筑物耗能量指标	为满足建筑室内环境设计条件，在一定时间内单位建筑面积消耗的需由能源设备供给的能量
11	冷源系统能效系数	冷源系统单位时间供冷量与单位时间冷水机组、冷水泵、冷却水泵和冷却塔风机能耗之和的比值

续表

序号	名词	解释
12	冷冻水输送系数	冷冻水输送系数是指空调系统制备的总冷量与冷冻水泵（包括冷冻水系统的一次泵、二次泵、加压泵、二级泵等）能耗之比，用来评价空调系统中冷冻水系统的经济运行情况。在空调系统经济运行评价指标体系中，冷冻水输送系数与制冷系统能效比和空调末端能效比并列，成为影响整个空调系统能效比的重要指标之一
13	同条件试样	工程实体的性能取决于内在材料性能和构造的原理，在施工现场抽取一定数量的工程实体组成材料，按同工艺同条件的方法，在实验室制作能够反映工程实体热工性能的试样

（三）公共建筑节能发展趋势

公共建筑的节能发展主要有以下三个趋势：

（1）公共建筑能耗信息智能应用。

（2）公共建筑全过程节能数字化信用管控。

（3）公共建筑智能设计、安装、运行调控。

二、服务方案

（一）客户收资

建筑用能系统的能耗分析是发现能耗漏洞、挖掘节能潜力和进行节能改造的基础，为完成建筑能耗分析需向业主或物业借阅以下资料：

（1）近两年建筑的能源费用账单：包括用电量及费用、燃气或燃油，以及其他能源消耗量及费用。

（2）设备运行记录：主要包括设备铭牌参数、楼宇自控（Building Automation，BA）系统历史数据和设备运行记录等。

（3）建筑图纸：有建筑、暖通空调、强电配电（包括照明系统）、BA系统的竣工图纸和详细设备清单。

（4）建筑已做过的节能改造相关图纸、资料。

除了以上建筑基本信息外，节能工程师需进行部分现场调查、测试及数据采集，主要包括使用手持式仪表测试设备运行参数，进行大楼巡视、室内环境测试和了解建筑节能管理状况，建筑基础调研信息如图4-1所示。

建筑名称		**详细地址**	
调研日期		**建筑性质**	出租____%，出售____%，自用____%
建筑业主		**业主电话**	
协助调研人员		**联系电话**	
建筑基本信息 建筑类型：____ 建造年代：____ 建筑面积：____ 建筑朝向：____	**建筑运行时间表** 制冷季： 一年运行____月 一周运行____天 一天运行__小时	**能源种类及计量方式** 电力供应公司名称：__ 电费账单户号：____ 燃气供应公司名称：__ 燃气账单户号：____	**电力情况基本信息** 供电公司电能表数量：______ 契约限额值：________ 变压器数量：________ 装机容量：__________

图4-1　建筑基础调研信息（一）

<table>
<tr>
<td>建筑高度：____
建筑层数：____
标准层层高：__
空调面积：____
特殊区域面积：
____
建筑日常使用人数：________</td>
<td>制热季：
一年运行____月
一周运行____天
一天运行__小时</td>
<td>其他能源：______
计费方式：______</td>
<td>有无峰谷电价差________
是否考虑提高功率因数______
采用何种策略？收效如何？</td>
</tr>
<tr>
<td colspan="4">建筑围护结构</td>
</tr>
<tr>
<td colspan="2" rowspan="3">建筑结构式：__________
窗墙比：____________
有无天窗：____；面积：________
有无遮阳：____；遮阳类型：____
可开启的窗户面积约占所有窗户的____%</td>
<td>外墙</td>
<td>外墙材料：____
保温材料：____；保温形式：__</td>
</tr>
<tr>
<td>外窗</td>
<td>外窗材料：____
玻璃类型：____；框架材料：__</td>
</tr>
<tr>
<td>屋顶</td>
<td>屋顶材料：____
保温材料：____；保温形式：__</td>
</tr>
</table>

图 4-1　建筑基础调研信息（二）

空调系统

空调主机设定温度：供冷____℃，供热____℃；室内温度情况：夏季____℃，冬季____℃；

是否控制湿度：____，控制方式为：____

冷热源形式：

冷热源式设备：

照明系统：

照明系统形式：

照明设备：

照明区域	面积（m^2）	灯具类型	数量（个）	镇流器类型	灯具功率（W）	镇流器功率（W）	控制方式	使用年限（年）
大厅								
走廊								
办公区域								

图 4-1　建筑基础调研信息（三）

<table>
<tr><td>室外</td><td></td><td></td><td></td><td></td><td></td><td></td><td></td></tr>
<tr><td colspan="8">照明控制策略：</td></tr>
<tr><td colspan="8">照明系统BA控制方式说明（包括日常运行管理方式、已采取的节能措施）：____________</td></tr>
</table>

图 4-1　建筑基础调研信息（四）

（二）现场诊断

场景一：围护结构节能改造

建筑物的围护结构，通常指外围护结构，包括外墙、屋面、窗户、阳台门、外门及不采暖楼梯间的隔墙和户门等（见图4–2）。建筑保温及各类热工设备的保温隔热是节约能源、提高建筑物居住和使用功能的一个重要措施。

>> 能效提升措施

通过控制建筑保温隔热和气密性可以减少供暖空调设备的使用量，从而达到节能效果。围护结构常见改造对象包括外窗、外墙等。

图 4-2　围护结构

（1）外窗。

1）建筑外遮阳设施。

外遮阳设施，包括百叶外遮阳和卷帘外遮阳，其节能率较高，但初期投资较大，因此经济性不佳。对于该类设施，如何降低其生产、改造成本，是今后建筑节能需要重点研究的方向。如果不考虑经济因素，外遮阳设施不失为一项不错的节能改造方式。

2）Low–E 玻璃和热反射玻璃。

对于遮阳型 Low–E 玻璃，在夏季可以明显降低屋内供冷负荷，在冬季会一定程度上增加供暖负荷，因此，比较适合南方以供冷为主的地区采用。即使是在供暖能耗较大的北方地区（如北京），对于部分窗墙比较大的公共建筑，由于供冷所需电的能源价格要高于锅炉供暖所需的天然气价格，从全年节能率和投资回收期来看，遮阳型 Low–E 玻璃仍然不失为一项不错的节能改造技术。

对于高透型 Low–E 玻璃和热反射玻璃的选择，位于长江中下游（如上海）和南方地区（如广州）等冬季不需要集中供暖地区的建筑，并没有必要一味追求使用低传热系数的 Low–E 玻璃，采用价格较为便宜的热反射玻璃完全可以达到和高透型 Low–E 玻璃接近的节能效果，且经济性会更好。

（2）外墙。

1）外墙内保温。

外墙内保温是在墙体结构内侧覆盖一层保温材料，通过粘接剂固定在墙体结构内侧，之后在保温材料外侧作保护层及饰面。目前内保温多采用粉刷石膏作为粘接和抹面材料，通过使用聚苯板或聚苯颗粒等保温材料达到保温效果。

2）外墙外保温。

外墙外保温是一种普遍采用的墙体保温方式，是将保温材料置于外墙体的外侧。严寒、寒冷地区宜优先选用外保温技术。

>> 主推优势

建筑保温及各类热工设备的保温隔热是节约能源、提高建筑物居住和使用功能的一个重要措施，建筑保温隔热材料是建筑节能的物质基础。

场景二：供暖、通风及空调系统节能改造

“暖通”是建筑设备中的一个分类。暖通包括供暖、通风、空气调节这三个方面，具体指：

（1）供暖（Heating）：又称采暖，按需要给建筑物供给负荷，保证室内温度按人们要求持续高于外界环境。供暖系统主要包括热水采暖和蒸汽采暖，在建筑中热水采暖更为普及。热水采暖利用热水与二次热交换器循环换热来保持室内的温度。该系统的基本组成包括：锅炉、循环泵、二次热交换器、管道系统和室内末端装置（见图4–3）。

（2）通风（Ventilating）：向房间送入，或由房间排出空气的过程，利用室外空气（即新鲜空气或新风）来置换建筑物内的空气（称室内空气），通常分为自然通风和机械通风。

（3）空气调节（Air Conditioning，简称空调）：用来对房间或空间内的温度、湿度、洁净度和空气流动速度进行调节，并提供足够量的新鲜空气的建筑环境控制系统。一个完整独立的空调系统基本可分为三大部分，分别是：冷热源及空气处理设备、空气和冷热水输配系统和室内末端装置（见图4–4）。

图 4-3　热水采暖的室内末端装置

图 4-4　空气调节的室内末端装置

供暖：锅炉节能改造

>> 诊断步骤

步骤一：锅炉效率测试

· 锅炉类型判断，主要分为燃油锅炉和燃气锅炉。

· 排烟温度，判断烟气的成分是否充分燃烧，温度越低，效率越高。

· 供回水温差，温差越大，效率越高。

步骤二：管网负荷

判断水泵选型是否合理，水循环越及时，供热效果越好。

空调节能改造

空调一般分为水冷空调和空气能空调。两者的区别主要有：

· 水冷空调主机的功率较大，建筑体量较大的时候，会选择使用水冷空调。

· 空气能空调，例如VRV（Variable Refrigerant Volume）空调，其主要特点为模块式，主机较多，可以进行分屋控制。

· 水冷空调功率较大，只能全控式管理，会造成一定的浪费。

>> 诊断步骤

第一步：查能效比

通过空调铭牌查阅能效比，即COP（Coefficient of Performance）制冷系数。

第二步：测试

· 水冷空调：供回水温度、冷热测试、水量测试、湿度测试（同样的温度情况下，湿度越大，感觉越闷）。

· 水系统测试：泵系统测试（分配出现问题，热量输送较慢，导致末端制冷制热效果变差，造成损耗）。

· 阀门压力测试：对各个管道的阀门压力进行测试。

· 管路温度测试：测试管路的热损耗情况，即保温效果。

· 冷却塔性能测试。

· 主机末端测试：新风系统性能测试、保温层测试。

>> 能效提升措施

大、中型公共建筑中，中央空调系统能耗占建筑能耗的35%~55%，空调系统的节能提升改造往往能获取较大的节能效益，主要改造内容包括冷热源机组改造、输配系统改造、风系统改造、冷却塔改造、余热回收等。

（1）供热提效。

通常供热提效的技术包括燃气锅炉烟气余热回收技术和燃烧机的合理调试及气候补偿技术等，其工作原理如图4-5所示。

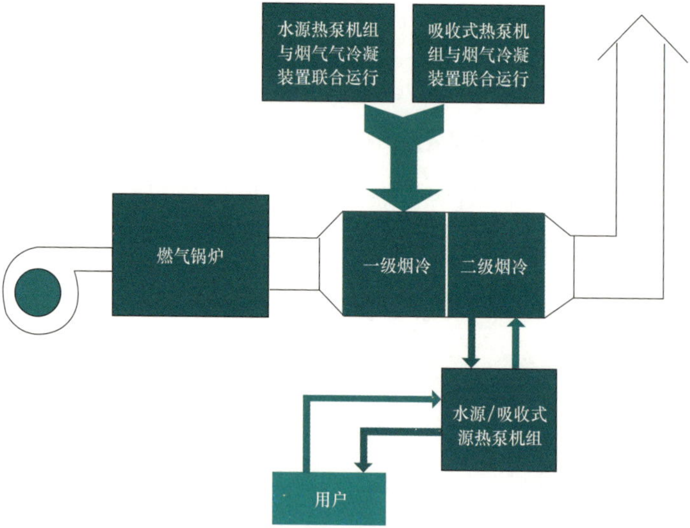

图4-5　供热提效原理图

燃气锅炉烟气余热回收技术是指，采用冷凝锅炉或者在锅炉尾部安装烟气冷凝余热回收装置加热供热循环水或预热锅炉送风。相比在锅炉尾部安装烟气冷凝余热回收装置的普通燃气锅炉，冷凝锅炉将烟气冷凝余热回收装置（冷凝器）直接装设在锅炉内部烟道上用于回收烟气余热加热供热循环水，两者工作原理相同。

燃烧机的合理调试是指，当过量空气系数过大时，将造成烟气量增大，排烟热损失增加。为此需要运行初期对锅炉燃烧器进行调节，通过调节锅炉不同出力条件下燃烧器风门的开度，合理控制燃烧器的燃气量和进风量比例，既保证燃气的充分燃烧，又降低排烟热损失，一般燃烧器调节最优状态下的烟气氧含量为3% ~5%。

气候补偿技术是在传统锅炉房供暖系统上应用一套气候补偿系统，该系统主要由气候补偿器、电动调节阀、室外温度传感器、供水温度传感器等几部分组成。通过在气候补偿器中预设定的锅炉供暖运行调节参数（曲线），并根据室外温度传感器反馈回的室外温度（变化），气候补偿器可计算出当前较为合理的供水温度，并依据该温度控制调节电动调节阀的开度，即调节供暖系统回水量与锅炉供水量的混合比例，从而调节系统的总供水温度，使锅炉房供暖系统可以根据室外温度变化实现“按需供热”。

（2）制冷提效。

针对制冷设备效率低下及运行中存在的问题，通常提高效率的方式有将普通电制冷主机更换为磁悬浮冷水机组或将冷水机组改造为变频驱动方式，还有投入更小的方法是增加冷凝器清洗装置。

磁悬浮空调是以磁悬浮离心压缩机为核心技术的高效节能冷水机组，磁悬浮离心式冷水机组的核心部件为磁悬浮无油压缩机。磁悬浮压缩机大致可分为压缩部分、电机部分、磁悬浮轴承及控制器和变频控制部分。冷水机组绝大部分时间是在部分负荷下运行的，传统离心机采用的进口导叶调节，只能在一定范围内适应这种压力比变化。只有采用变频技术的离心机才可以

通过调节转速以适应压力比的变化，通过降低转速来降低压缩机功耗，节能高效。

离心式冷水机组变频调速技术，即VSD（Variable Speed Drive），采用变频驱动，同步调节导流叶片开关度和电机转速，节能效果显著，适用冷负荷有明显差异的场所。使用变频器后，离心式冷水机组主要从两个方面实现节能：一是部分负荷运行状态下的节能。在部分负荷下，恒速离心机通过调节导流叶片开度来调节机组输出冷量，最高效率点通常在70%~80%负荷左右，负荷降低，单位冷量能耗增加较显著。二是低冷却水温度状态下的节能。机组在夜间、过渡季节甚至是冬天运行时，冷却水的温度往往较低。使用变频器，可以通过调整压缩机的转速，以适应冷凝温度的变化，最大限度地利用低冷却水温的节能效应，达到节能的目的。冷却水系统水质对冷水机组运行效率影响很大，如不及时清洗冷水机组内的冷凝管，冷凝管结垢将成为中央空调高能耗的根源之一。定期清洗可以将擦下来的沉淀物带走，使换热管内壁始终保持清洁，从而提高冷凝器换热管的换热效果，使热交换器始终处于较高的换热效率，达到真正节能的目的。

（3）系统优化。

冷热源系统的整体优化，可以采用蓄能技术利用峰谷电优势有效降低运行成本；还应重点利用可回收的热量和自然冷源以减少冷热源开启时间和提高能源利用效率；此外，大功率风机水泵的变频改造可以有效解决设备效率点偏移的问题。针对局部连续运行有冷热需求的小区域，合理增加局部冷热源是有效的节能措施。

（4）控制优化。

空调自动控制的任务就是在最大限度节能与安全生产的条件下，自动调节各种装置的实际输出量与实际负荷，以满足系统运行的各种要求。针对冷热源系统的控制，应完善冷站设备群控，实施建筑负荷和能耗监测，进行必要的负荷模拟，根据室外气象条件和室内负荷变化规律，使冷量供应趋近合理，提高

空调供暖系统能效。

场景三：照明系统节能改造

照明系统是以提供照明为基础的系统，包括自然光照明系统、人工照明系统及两者结合构成的系统。照明系统节能改造主要包含照明设计，光源、灯具的选择与布置，开关、插座的选择与布置等，照明装置如图4–6所示。

图 4–6　照明装置

>> 诊断步骤

第一步：收集照明系统设备清单，包括核查照明总量、照明功率、照明时长等；

第二步：测量照度值、照明均匀度、统一眩光值、色温等是否符合国家标准；

第三步：核查是否分区控制，公共区域控制是否采用有效节能控制方式；

第四步：依据诊断结果和节能改造判定原则的相关规定，确定照明系统的节能环节和节能潜力。

>> 判断方法

照度一般指光照强度。光照强度是一种物理术语，指单位面积上所接受可见光的光通量。针对照度，可按照GB 55015—2021《建筑节能与可再生能源利用通用规范》相关标准进行核查（见表4–5、表4–6）。

表4-5　　办公建筑和其他类型建筑中具有办公用途场所照明功率密度限值

房间或场所	照度标准值（lx）	照明功率密度限值（W/m^2）
普通办公室、会议室	300	≤8.0
高档办公室、设计室	500	≤13.5
服务大厅	300	≤10.0

表4-6　　商店建筑照明功率密度限值

房间或场所	照度标准值（lx）	照明功率密度限值（W/m^2）
一般商店营业厅	300	≤9.0
高档商店营业厅	500	≤14.5
一般超市营业厅、仓储式超市、专卖店营业厅	300	≤10.0
高档超市营业厅	500	≤15.5

>> 能效提升措施

1. 选择合理的照度

我国《建筑照明设计标准》（GB 50034—2013）提出了满足不同场所的一系列照明标准要求。在进行照明设计时，应遵照这些标准要求的范围。按照满足照明需要，保护视力健康的原则合理确定照度值。在保证合理有效的照度和亮度的前提条件下，尽量减少照明负荷，也应留有适当余地，以补偿电光源老化及积累灰尘后光通量的减弱。

2. 选择高效电光源

选择电光源时，应根据具体的使用要求，综合比较权衡。白炽灯突出的缺点是光视效能过低，寿命短，因此在照明设计时，应尽量选择荧光灯。紧凑型荧光灯是一种灯管和镇流器一体化的灯种，它具有光效高（是普通白炽灯的4~5倍）、寿命长（是普通白炽灯的58倍）、节电显著、体积小、启动快、无频闪噪声等一系列优点，是替代白炽灯最理想的灯种。

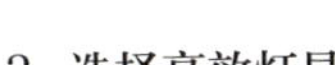

3. 选择高效灯具

电光源只是灯具的一个重要部分，灯罩、灯的安装或悬挂部件及装饰部件等其他部分也很重要。如果灯具配光不合理、效率低，能量损失可达30%~40%。要根据使用场所选择合理的配光，房间高而窄时，应选用窄配光灯具；房间宽而矮时，应选用宽配光灯具。块板式灯具通过块板的反射作用减少了灯泡对光的吸收，以此增加光的输出量，提高灯具效率，延长灯的寿命。

4. 合理安装布置照明灯具

安装布置照明灯具时，应根据照明场所的形状、面积、空间高低及户内户外等因素，综合考虑灯的数量、种类与位置高低，还要考虑各个灯之间照度、亮度、均匀度及光源颜色的相互搭配。不同的工作场所的照度水平应有所区分，要求照度高的场所不宜采用一般照明方式，可增设局部照明或采用混合照明方式。

5. 采用智能的照明节能控制措施

设计照明线路时应尽量细化，充分利用自动化技术，对照明灯具的开关和照度进行控制，有效减少电能消耗。对于大功率的共同照明系统，可以加装节能效果明显的智能照明控制调控设备，技术性能较好的是智能照明节电器。智能照明控制系统可以对不同时段、不同环境的光照度进行精确设置和合理管理，运行时能够充分利用自然光。只有必要时，才把灯点亮或调节到需要的程度，并利用最少的电能达到所需的照度水平。节能效果非常明显，一般可达30%左右。

场景四：可再生能源系统应用

可再生能源是清洁能源，具体指风能、太阳能、水能、生物质能、地热能等非化石能源。

太阳能是当前使用较多的可再生能源，根据实际情况可最优化运用太阳能进行采光，在绿色建筑中应用太阳能可以充分借助于太阳能电池板（见图4-7），由此形成较为理想的太阳能供电效果，促使太阳能可以在更大范围内服务于绿色建筑。

图 4-7　太阳能电池板

基于地热能在绿色建筑中的应用来看，地源热泵的使用是重中之重。其在当前实际应用中主要包括水，水型及土、气型两种基本方式，可以较好实现地热能的充分运用。在绿色建筑中应用地热能时，地源热泵需要恰当融入整个冷暖调控系统中。

>> 诊断步骤

公共建筑应通过对当地环境资源条件和技术经济的分析，合理采用可再生能源系统。当采用可再生能源发电系统时，应优先采用并网系统，并宜在低压侧并网接入。

>> 能效提升措施

建筑物上安装太阳能系统，不得降低相邻建筑的日照标准。太阳能系统的设置应避免受自身或建筑本体的遮挡。在冬至日采光面上的日照时数，太阳能集热器不应少于4h，光伏组件不宜少于3h。

有天然地表水等资源可供利用，或者有可利用的浅层地下水且能保证100%回灌时，建筑可采用水源热泵系统供冷、供热。

场景五：供配电系统节能改造

建筑供配电系统就是解决建筑物所需电能供应和分配的系统，是电力系统的组成部分。随着现代化建筑的出现，建筑的供电不再是一台变压器供几幢建筑物，而是一幢建筑物由一台乃至十几台变压器供电；在同一幢建筑物中常有一、二、三级负荷同时存在，这就增加了供电系统的复杂性。配电柜（箱）现场图如图4-8所示。

图 4-8　配电柜（箱）现场图

>> 诊断步骤

第一步：查阅竣工图，了解各电气系统的设计情况及各设备的配置、参数、相应指标和系统控制方法等信息。

第二步：现场调查，了解建筑物用能状况、使用管理状况、各电气系统和设备运行情况及调节控制方式等，并对相应场所环境指标、设备运行状况进行测试和记录。

第三步：查阅管理和运行记录，分析各系统或设备的运行状况及运行控制策略等信息；

第四步：对确定的节能诊断项目进行现场检测；

电力系统节能诊断内容如表4-7所示。

表4-7　电力系统节能诊断相关内容

序号	项目	内容
1	系统中仪表、电动机、电器、变压器等设备状况	是否使用淘汰产品、各电器元件是否运行正常以及变压器负载率状况
2	电力系统容量及系统接线形式	现有的用电设备功率及继电保护参数
3	用电分项计量	常用供电主回路是否设置电能表对电能数据进行采集与保存，并应对分项计量电能回路用电量进行校核检验
4	无功补偿	是否采用提高用电设备功率因数的措施以及无功补偿设备的调节方式是否符合电力系统的运行要求

续表

序号	项目	内容
5	供用电电能质量	1.相电压不平衡度 2.功率因数 3.各次谐波电压和电流及谐波电压和电流总畸变率 4.线路压降指标

>> 判断方法

（1）当电力系统不能满足更换的用电设备功率、配电电气参数要求时，或主要电器为淘汰产品时，应对配电柜（箱）和配电回路进行改造。

（2）当变压器平均负载率长期低于20%且今后不再增加用电负荷时，宜对变压器进行改造。

（3）当电力系统未根据配电回路合理设置用电分项计量或分项计量电能回路用电量校核不合格时，应进行改造。

（4）当无功补偿不能满足要求时，应论证改造方法合理性并进行投资效益分析，当投资静态回收期小于5年时，宜进行改造。

（5）当供用电电能质量不能满足要求时，应论证改造方法的合理性并进行投资效益分析，当投资静态回收期小于5年时，宜进行改造。

场景六：建筑能耗监测与控制系统

公共建筑能源消耗量大，运营成本高，为了节能减排、降低成本，采取适合的公共建筑能耗监测系统十分必要，公共建筑能耗监测与控制系统具有功能强大、安全稳定等特点，可实时监测建筑行业中水、电、气的消耗和设备的运行状况，以及能源的使用状况，并能根据采集到的能耗数据绘制出各种报表、分析曲线、图形等，便于分析研究，为智能建筑的节能技术提供参考。能耗采集控制箱如图4-9所示。

对于高能耗的建筑来说，水、电、气已成为主要成本，通过对水、电、气的实时监测，将隐形的能源消耗可视化展示并进行分析，实现降低成本的目的。

建筑能耗监测与控制系统运行安全可靠，并附有事件记录及故障报警等功能，极大地方便了用户的使用。随着社会的发展，能源日益紧张，实现对分类能耗、分项能耗的远程监测与管理成为智能建筑发展的必然趋势。

从节能方面来说，不同时期人流量不同，需要的能耗也不同，节减能耗具有保护设备、环境的作用。

图 4-9　能耗采集控制箱

>> 判断方法

（1）未设置监测与控制系统的公共建筑，应根据监控对象特性合理增设监测与控制系统。

（2）当对集中采暖与空气调节等用能系统进行节能改造时，应对与之配套的监测与控制系统进行改造。

（3）当监测与控制系统不能正常运行或不能满足节能管理要求时，应进行改造。

>> 主推优势

实时上报：建设能耗在线监测系统，可以将用能信息实时对接到企业的相关平台。

消耗管理：企业系统在用能方面对各种能源都会有所涉及，可根据不同的数据采用不同的记录方式，并根据标准来判断能源消耗的合理性。

评估分析：能源管理系统是可以对所收集到的能源消耗数据进行计算及分

析的，企业及政府管理部门可掌握这些信息并由此推进节能改造等相关措施。

风险管理：企业在生产过程中存在故障等情况时，该系统会第一时间通知管理人员，并对故障进行分析，从而给维护人员及其他人员提供参考。

三、典型案例

案例1：某地区行政服务中心建设

>> 项目背景

某地区行政服务中心自2015年启用后，进驻单位逐渐饱和，2018、2019年用电量同比增长4.53%和7.83%，能耗增长率持续提高，节能降耗目标压力日益增大。为进一步发挥综合能源服务在推动节能减排、社会综合能效提升的引领作用，综合能源事业部与区公共服务机构节能办、区发改局能源科建立了日常深度合作机制，协调省综合能源公司在新能源、新材料、空调照明终端感知控制技术应用情况，共同商讨为行政服务中心提供最优的综合能效提升方案。

>> 挖掘过程

用能情况：一是奉化区行政服务中心的用电量在逐年增长，2017年同比增长54.65%，2018年增长4.53%，2019年负增长8.07%。三年的年加权平均电量为327万kWh；二是2019年因电费下降和气候因素导致能耗费用下降，三年年平均能耗费用约为248.7万元，随着政务持续运行，设备逐年老化，能耗增长率有增高的风险。

问题一：高能耗用电设备较多，大楼采用VRV空调系统，缺少智能控制。

问题二：建筑未采用高效的节能材料，主楼玻璃幕墙较多，裙楼中央有一个玻璃天井，导致夏天室内温度过高。

问题三：用能管理存在较大漏洞，工作人员下班后有电脑、廊灯、空调未关，夏天空调温度设置过低等现象。

>> 实施方案

通过对行政服务中心安装分布式光伏车棚，对办公楼照明系统、空调系统

进行节能改造，以及将用能情况进行画像分析等，构建协调互动、分析决策、及时响应的综合能源管理系统。同时，通过用能托管的服务模式，实现建筑楼宇用能清洁低碳、绿色高效。

>> 能效提升结果

此次能源托管项目对行政服务中心空调及照明系统进行了终端感知及控制改造，并采用能源管理平台进行远程控制管理，对办证大厅玻璃屋顶及部分夏季高温期间经常停机的VRV空调外机采用了辐射制冷膜等新材料进行降温处理，公共停车场采用1968片320W单晶硅光伏组件，建成发电容量为629.76kW的太阳能光伏停车棚分布式电站，年发电量预计可达到70万kWh，可减少二氧化碳排放量67万kg。

案例2：某企业低碳工厂建设项目

>> 项目背景

某企业是中国小模数齿轮生产的专业厂家，厂区占地面积4.3万m^2，建筑面积3.5m^2。公司拥有包括引进国外先进的高速高效小模数齿轮硬齿面干切数控滚机及CNC全自动小模数齿轮检测仪的各类制齿、检测、金切设备及毛坯机加工、制齿、热处理等完整的产品加工工艺。

>> 挖掘过程

该企业计划全面启动新厂区建设项目，大面积厂房一栋，建筑面积为1.6万m^2，共计3层，屋顶面积约8000m^2，规划为停车场。辅楼两栋，屋顶面积约1.2千m^2。主楼一栋，建筑面积约为1.5万m^2，共计12层。新建厂区建筑节能潜能巨大。

>> 实施方案

针对新建厂区，从建筑节能层面主要提供变配电工程、分布式光伏、空调系统、电管家运维、电动汽车充电桩等多项综合能源服务内容。从前端企业用能保障，到综合能源服务建设及后期厂站的运营管理，全范围服务企业，业务领域涵盖厂区的电、热、冷，为企业提供供配电建设运维、分布式光伏电站建

设、新能源汽车充电桩、地源热泵空调系统、永易通电管家等服务，实现能源的清洁化、高效化、数字化，将该企业打造成全面服务体系化典范案例。全过程一条龙服务，从用能到综合能源整体；业务领域涵盖提炼归纳，能源清洁化，实现能源数字化，冷、热、电、气循环化高效化。

>> 能效提升结果

（1）用户配电装机容量为4500kVA，提供智能化运维，保证企业连续可靠安全用电。

（2）利用厂房投资建设786kWp分布式光伏电站，年发电量73.97万kWh，25年总发电量1849.27万kWh，25年可节约电费106.86万元，减少二氧化碳排放量13009t。

（3）积极推行绿色出行，在厂区投建7kW交流慢充桩22个，60kW快充直流桩2个，为企业物流运输及员工出行提供绿色能源。

（4）充分利用厂区地缘资源，为恒温恒湿厂房及办公场所提供冷热空调，建设一套地源热泵系统，与传统水机空调相比每年可降低能耗10%以上。

（5）通过以上节能技术措施，配合企业共同打造低碳绿色工厂，并荣获市级“绿色工厂”称号。

第五篇　服务提升篇

本篇重点解决一线能效经理在服务中关于用能安全、用能费用和能效政策相关的问题，介绍客户关系维护技巧和数字化应用工具的使用，帮助能效经理实现服务提升，满足客户的实际需求。

一、服务“一问一答”

（一）空压系统改造

1 张工，我们公司每月的耗电量太大了，您看能不能帮我们看一下到底是哪里出了问题？

2 好的。据我所知，您所在的工厂属于制造业，主要的用能集中在空压系统，你们有做过相关的能效诊断吗？

3 这个还真没了解过，能给我详细讲讲吗？

4 当前我们供电公司正在开展综合能效服务业务，可以帮客户进行相应的能效诊断和能效咨询，帮助客户降低用能成本。

5 那真是太好了。那针对我们公司的情况，会从哪些方面入手呢？

6 咱们公司空压系统是主要的耗能设备，针对空压系统，我们主要从供气侧、管网侧、用气侧和整体气电比入手。

（二）余能利用

1

张工，作为本市具有代表性的化工园区，我们能源消耗总量大，温室气体排放量大；园区内各类企业资源回收、余能利用不足，能源综合利用率不高，我们该如何改善这种局面呢？

2

针对化工园区，我们可以对生产流程中原有工艺结构进行改造，增加节能装置，回收和利用生产过程中产生的余能，提升能源综合利用效率。

3

这听起来是个很不错的方法，能给我详细讲讲吗？

4

在余能利用的实际操作中，一般通过热源分类来进行现场诊断，常见的热源有热水、蒸汽、烟气和其他热源（导热油、酸碱滤液、高温冷却介质）四种。

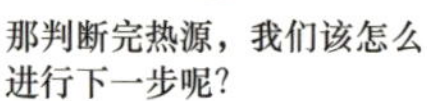

5
那判断完热源，我们该怎么进行下一步呢?
6
针对热水，我们主要对热水现状进行收集，包括水质、水温和水量，结合浪费的热量考虑余能利用实际落地的用途；针对蒸汽，主要根据蒸汽管网等级、蒸汽产量、蒸汽来源等综合判断利用方向；烟气因为涉及环保问题会比较复杂，需要对烟气成分、烟气量、温度、可降极限和脱硫脱硝进行了解；其他热源则是一些反应介质放热。
7
那这些余能我们能用来干什么呢?
8
余能回收后，我们可以根据园区内具体的需求进行利用。可以直接利用，提高品味后用来发电，也可以用来制冷制热。

（三）建筑节能

1 张工，我们大楼每月的耗电量太大了，您看能不能帮我们看一下到底是哪里出了问题？

2 好的。建筑耗能是非常大的一块，建筑运行阶段能耗与碳排放逐年增加，我们做过专门的建筑方面的能效诊断吗？

3 这个我还真没了解过，能给我详细讲讲吗？

4 当前我们供电公司正在开展综合能效服务业务，可以帮客户进行相应的能效诊断和能效咨询，帮助客户降低用能成本。

5 那真是太好了。那针对我们大楼的情况，会从哪些方面进行入手呢？

6 对于一般的建筑节能，我们会关注围护结构节能改造、供暖通风空调系统技能改造、照明系统节能改造、可再生能源系统应用、供配电系统节能改造和建筑能耗检测与控制系统节能改造六个方面。

二、能效工具介绍

（一）绿色国网App

能效诊断：综合能效诊断报告是基于企业多种能源消耗情况，为企业提供综合能效水平分析，包括用能结构、清洁用能、经济用能、电力交易、需求响应五大方向的分析服务，并为企业能效提升的潜在空间提供优化建议，智能匹配相关解决方案，帮助企业降本增效，助力“碳达峰、碳中和”目标实现，绿色国网能效诊断结果分析如图5-1、图5-2所示。

诊断流程：填写公司基础信息——用能预算管理——分布式光伏——公司用能数据——设备类型——设备基本信息——问卷调查——诊断——显示用能和诊断结果。

< 返回　　能效诊断结果分析

公司名称

户号

公司用能结果分析　　点击查看 >

问卷类型：泵

泵机信息　　点击查看 >

现场照片

泵能效结果分析

得分：76　　总分：100　　等级：中

建议措施

建议1：

将设备放置在水平、通风、干燥处。

建议2：

将真空机组抽气口与被抽系统连接好，密封一定要严密，不应有泄漏点存在。

建议3：

冷却系统运行正常，冷却装置完好，排水温度不超过规定要求，应有断水保护装置。

建议4：

检查真空泵和罗茨泵内的油位及油杯中的润滑油是否符合要求。

问卷类型：风机

风机信息　　点击查看 >

现场照片

风机能效结果分析

得分：76　　总分：100　　等级：中

建议措施

建议1：

用黄油枪向轴承注入钙钠基润滑脂或二硫化钼润滑脂。

建议2：

定期维护保养，消除风机内部的积灰、污垢等。

建议3：

利用调节装置将三角胶带经常保持均匀拉紧状态，不能过松或过紧。

重新诊断　　保存结果

图 5-1　绿色国网能效诊断结果分析（一）

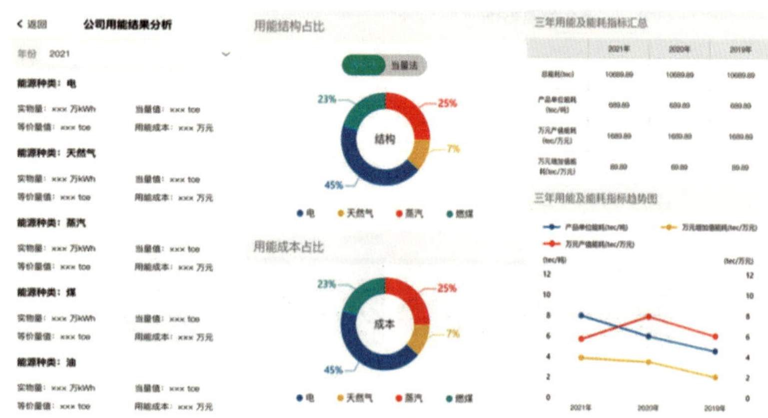

图 5-1　绿色国网能效诊断结果分析（二）

（二）网上国网 App

电力能效账单是国家电网有限公司客户服务中心以“供电+能效服务”为核心，重点开发的普惠性公共服务产品。通过从企业用电和变压器设备等角度，对企业的综合能效进行评价打分，围绕电量电费、力调分析、峰谷分析、负载

分析、政策红利等内容提供定制化服务，并综合以上因素，将企业与同地区同行业范围内其他企业进行比较，展现企业能效定位和变化情况，让企业对能效水平心中有数。网上国网能效分析建议如图5-2所示。

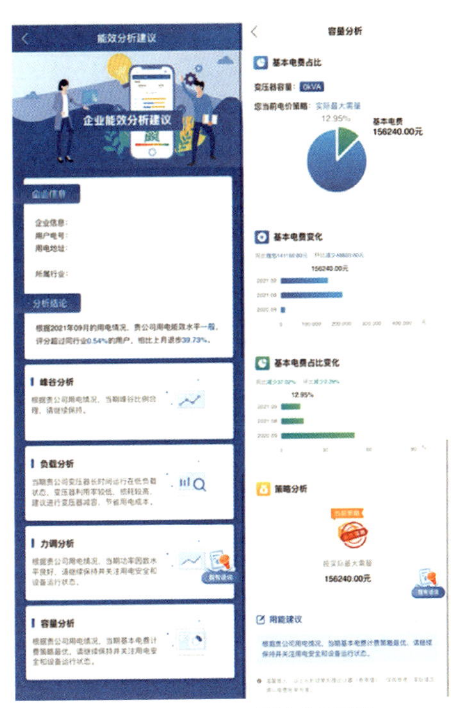

图5-2　网上国网能效分析建议

笔 记